HEMMACKAD PANNA COTTA RECEPT

Läckra och krämiga recept för den ultimata italienska efterrätten.
100 recept för att tillfredsställa din sötnos

Kent Olofsson

Copyright Material ©2024

Alla rättigheter förbehållna

Ingen del av denna bok får användas eller överföras i någon form eller på något sätt utan korrekt skriftligt medgivande från utgivaren och upphovsrättsinnehavaren, förutom korta citat som används i en recension. Den här boken bör inte betraktas som en ersättning för medicinsk, juridisk eller annan professionell rådgivning.

Sommario
INTRODUKTION 6
   1. Enkel Panna Cotta 7
FRUKTIG PANNA COTTA 9
   2. Vanilj Jordgubbspannacotta 10
   3. Citron Panna Cotta 12
   4. Strawberry Panna Cotta 15
   5. Kärnmjölkspannacotta med citrongelé 17
   6. Bärgel Panna Cotta 19
   7. Hallon Gelee Panna Cotta 23
   8. Yuzu Panna Cotta 26
   9. Apelsinsirap Pannacotta med 28
   10. Blackberry Honey Panna Cotta 31
   11. Kokosnötspannacotta med passionsfrukt 33
   12. Pepparkakor Tranbärspannacottakakor 36
   13. Granatäpple Panna Cotta 39
   14. Key Lime Panna Cotta 41
   15. Blood Orange Panna Cotta 43
   16. Aprikoser & honung Pannacotta 45
   17. Creme Fraiche Panna Cotta med björnbär 47
   18. Panna Cotta och Mango Mousse Domes 49
   19. Mango Panna Cotta 52
   20. Kokosvatten Pannacotta med saffran 54
   21. Vaniljpannacotta med björnbärssås 56
   22. Orange Panna Cotta och Orange Jelly 58
   23. Jordgubbspannacotta med karamelliserade jordnötter 61
   24. Jordgubbs- och kiwi-pannacotta 63
   25. Kärnmjölkspannacotta med citrussås 65
   26. Plommonpannacotta 67
   27. Mango Panna Cotta med dekoration av spunnet socker 69
   28. Kokosnötspannacotta med ananasglasyr 71
   29. Tricolor Panna Cotta Delight 73
   30. Mango Lassi Panna Cotta 76
   31. Kokosmjölk och apelsinpannacotta 78
   32. Granatäpple pannacotta 80
   33. Grön och vit Pannacotta 82
   34. Grekisk yoghurt Pannacotta med dadelpuré 84
   35. Vattenmelon pannacotta 87
   36. Mango litchi pannacotta 89
   37. Persimmon pannacotta 91
   38. Vaniljsås och vattenmelon Pannacotta 93

39. Päronkompott i gelé med pannacotta 95

CHOKLAD, SMÖRSCOTT OCH KARAMELL 98
40. Pannacotta med kolasås 99
41. Choklad Panna Cotta 101
42. Äggfri Choklad Panna Cotta utan grädde 103
43. Ferrero Rocher Panna Cotta 105
44. Butterscotch Pannacotta i kextårta 107
45. Italiensk Panna Cotta med Lindt mörk choklad 109
46. Vit choklad Pannacotta 111
47. Vit choklad pannacotta med blåbärssås 113
48. Pannacotta med smörkolasås 115

KAFFE OCH TE 118
49. Bubble Milk Tea Panna Cotta 119
50. Kaffe Panna Cotta med Kahlúa 123
51. Mocha Panna Cotta 125
52. Espresso pannacotta 127
53. Italiensk kaffepannacotta dessert 129
54. Te Panna Cotta 131

FLÄNGS PANNA COTTA 133
55. Spannmålsmjölk pannacotta 134
56. Spannmålspannacotta 136
57. Ris Pannacotta 138

CHEESY PANNA COTTA 140
58. Mascarpone pannacotta 141
59. Kärnmjölksgetost Pannacotta med fikon 143
60. Tiramisu Panna Cotta 146
61. Blåmögelost pannacotta med päron 149
62. Krämig gräddost Pannacotta 151

NUTTY PANNA COTTA 153
63. Mandelpannacotta med mockasås 154
64. Cappuccino Panna Cotta med hasselnötssirap 156
65. Pistage Panna Cotta 158
66. Rostad Rabarber och Pistage Panna Cotta 160
67. Kokosmjölk och nötpannacotta 162

KRYDIG PANNA COTTA 164
68. Kardemumma-Kokos Panna Cotta 165
69. Kanel Panna Cotta med kryddig fruktkompott 167
70. Kardemumma och blodapelsin Pannacotta 170
71. Jaggery and Coconut Panna Cotta 173
72. Kardemumma-honungsyoghurt Pannacotta 175

ÖRT PANNA COTTA 177
- 73. Matcha Panna Cotta 178
- 74. Citrongräsbasilikafrön Pannacotta med jamunsås 180
- 75. Basilika Pannacotta med rosépocherade aprikoser 182
- 76. Pannacotta med pistage och basilika 185
- 77. Saffran Pistasch Panna Cotta 187

BLOMMA PANNA COTTA 189
- 78. Fläderpannacotta med jordgubbar 190
- 79. Lavendel Pannacotta med citronsirap 193
- 80. Butterfly Pea Infused Panna Cotta 196
- 81. Vanilj Kokos Panna Cotta Med Hibiscus Bärsås 198
- 82. Blåbärs- och syrensirap Panna Cotta 201
- 83. Honungskamomill Panna Cotta 205
- 84. Roseyoghurt pannacotta 207
- 85. Gulab Panna Cotta 209
- 86. Ginger Rose pannacotta 211

BOOZY PANNA COTTA 213
- 87. Champagne pannacotta i små koppar toppad med bär 214
- 88. Bourbon Pocherad Panna Cotta 217
- 89. Boozy Eggnog Panna Cotta 220
- 90. Baileys Panna Cotta 222
- 91. Kokosnötspannacotta med Malibu-rom 224
- 92. Pina Colada Panna Cotta med lime och ananas 226
- 93. Cognac Pannacotta 229
- 94. Kokosnöt Panna Cotta med björnbär, timjan & sloe Gin 231
- 95. Persika Vaniljböna Pannacotta med romvispad grädde 234
- 96. Lime Infused Berry Panna Cotta med bär & brus 237
- 97. Earl Grey Panna Cotta 239
- 98. Azuki Panna Cotta 241
- 99. Pumpkin Rom Panna Cotta 243
- 100. Black Sesam Panna Cotta 245

SLUTSATS 247

INTRODUKTION

En av de mest kända och ofta efterfrågade desserterna, pannacotta – bokstavligen "kokt grädde" – har sitt ursprung i Piemonte och är gjord av grädde och socker. Det finns olika varianter och smaksättningar. Dess delikata sötma, mjuka konsistens och det eleganta sättet att plätera gör den till en perfekt njutning i slutet av en måltid.

För att förbereda pannacotta värms mycket färsk grädde upp med socker, sedan tillsätts isinglass, som har blötlagts och urvriden. Denna sista ingrediens används för att ge desserten en mjuk och geléaktig konsistens. Blandningen får sedan svalna i minst sex timmar i kylen innan servering.

En egenskap hos praktiskt taget varje dessertmeny i Italien, pannacotta är en av de mest populära desserterna som kan ätas med en sked. Vissa sorter är smaksatta med kaffe, andra med lavendel, eller kanske mandel, rosmarin eller kola; och de kommer alltid till bordet med varma såser baserade på bär, choklad, grädde eller kola.

1. Enkel Panna Cotta

Serverar 6

INGREDIENSER:
- 3 matskedar kallt vatten
- ¼ uns (1 paket) pulveriserat gelatin
- 1 liter tung grädde
- ½ kopp strösocker
- ⅛ tesked kosher salt
- 1 vaniljstång, delad, frön skrapade, skida reserverad

INSTRUKTIONER:
a) Blomma gelatinet. Häll vattnet i en liten skål och rör försiktigt ner gelatinet; låt stå i 5 minuter (den kommer att tjockna och se ut som äppelmos).
b) Gör basen. Koka upp grädden, sockret, saltet, vaniljfröna och vaniljstången i en tjockbottnad kastrull på medelhög låg nivå, vispa då och då. När det sjuder, ta bort från värmen. Tillsätt det blommade gelatinet. Vispa konstant i 1 till 2 minuter, tills gelatinet är smält och helt införlivat.
c) Kyl ner basen. Fyll en stor skål med is och vatten. Placera en finmaskig sil över en medelvärmebeständig skål. Sila grädden genom silen. Ställ skålen i isbadet och svalna, rör om med en gummispatel var 5:e minut, tills en direktavläsningstermometer som är insatt i krämen visar 60°F.
d) Häll upp pannacottan. Dela krämen jämnt mellan 6 (6-ounce) ramekins. (Använd en spatel för att skrapa ner skålens sidor för att säkerställa att all kräm används.) Slå försiktigt in varje ramekin med plastfolie och ställ i kylen i 12 till 16 timmar.
e) Forma upp pannacottan. Nästa dag, kör försiktigt en förskjuten spatel eller skalkniv längs kanten på ramekins. Fyll en skål med varmt vatten. Håll varje ramekinbas i det varma vattnet i 5 sekunder. Vänd upp varje pannacotta på en tallrik och servera.

FRUKTIG PANNA COTTA

2. Vanilj Jordgubbspannacotta

Gör: 4 portioner

INGREDIENSER:
- 2 koppar grädde
- ¼ kopp socker plus 3 matskedar
- 2 vaniljbönor - båda delade på mitten, frön skrapade från den ena
- ½ tsk vaniljpasta
- 1 msk olja
- 2 tsk pulveriserat gelatin blandat med ½ kopp kallt vatten
- 125 g Punnet jordgubbar
- ½ kopp rött vin

INSTRUKTIONER:

a) Värm försiktigt grädden och ½ kopp socker i en kastrull tills allt socker har lösts upp. Ta av från värmen och rör ner vaniljextraktet och 1 vaniljstång tillsammans med fröna som skrapats från den.

b) Strö gelatinet över det kalla vattnet i en stor skål och blanda försiktigt.

c) Häll den uppvärmda grädden över gelatinet och blanda ordentligt tills gelatinet har lösts upp. Sila blandningen genom en sil.

d) Fördela blandningen mellan de smorda skålarna och kyl tills den stelnat. Detta tar vanligtvis upp till 3 timmar.

e) Värm rödvinet, 6 matskedar socker och resterande vaniljstång i en kastrull tills det kokar.

f) Skölj, skala och skiva jordgubbarna och lägg till sirapen och sked sedan över den frigjorda pannacottan.

3. Citron Panna Cotta

Gör: 6

INGREDIENSER:
- 1 kuvert Agarpulver
- 2 koppar växtbaserad marijuanamjölk
- 2 matskedar cashewgrädde
- ½ kopp socker
- 2 teskedar rent vaniljextrakt
- 2 ¼ koppar sojayoghurt _
- 2 teskedar citronsaft

FÖR FRUKTTOPPINGEN:
- 1 kopp hallon, röda och gyllene
- 2 koppar blandade jordgubbar eller blåbär
- 2 persikor, skalade, tunt skivade
- 2 teskedar cannasocker
- 1 uns vodka
- 1 uns Campari
- 1 matsked citronskal

INSTRUKTIONER:

a) I en skål, strö hela paketet med agarpulver över 2 matskedar cashewkräm . Låt den mjukna i 5 minuter.
b) Blanda den växtbaserade marijuanamjölken, socker och vanilj i en kastrull på låg värme.
c) Låt blandningen sjuda på låg nivå i några minuter innan du stänger av värmen.
d) I en kastrull, rör om agarpulvret och gräddblandningen tills den är helt upplöst. Vispa sojayoghurten i en medelstor bunke tills den är slät.
e) Tillsätt marijuanamjölkkombinationen och citronsaft i yoghurten gradvis.
f) Fördela blandningen mellan sex små ramekins. Kyl den i 4 timmar eller tills den stelnat.
g) För att göra toppingen, kombinera frukten, Vector Vodka, Cannabis Campari, socker och citronskal i en mixerskål.
h) Ställ åt sidan i minst 20 minuter i kylen.
i) Kör en vass kniv runt ramekins kanter för att ta bort Panna Cotta och vänd sedan ramekinen på ett fat.
j) Servera med fruktblandningen ovanpå.

4. Strawberry Panna Cotta

Gör: 6

INGREDIENSER:
- ⅓ kopp mjölk
- 1 paket smaklös gelatin
- 2 ½ koppar tung grädde
- ¼ kopp socker
- ¾ kopp skivade jordgubbar
- 3 msk farinsocker
- 3 matskedar konjak

INSTRUKTIONER:
a) Rör ihop mjölken och gelatinet tills gelatinet är helt upplöst. Ta bort från ekvationen.
b) Koka upp grädden och sockret i en liten kastrull.
c) Tillsätt gelatinblandningen i den tunga grädden och vispa i 1 minut.
d) Fördela blandningen mellan 5 ramekins.
e) Lägg plastfolie över ramekins. Efter det, kyl i 6 timmar.
f) I en blandningsskål, kombinera jordgubbar, farinsocker och konjak; svalna i minst 1 timme.
g) Lägg jordgubbarna ovanpå pannacottan.

5. Kärnmjölkspannacotta med citrongelé

Gör: 4 portioner

INGREDIENSER:

FÖR PANNA COTTA:
- 2 dl Kärnmjölk
- 1½ tesked Pulveriserat gelatin utan smak
- ⅔ kopp Kraftig grädde
- ½ kopp socker

FÖR GELE:
- ½ kopp färsk citronsaft
- ½ förpackning Pulveriserat gelatin utan smak
- ¼ kopp socker

INSTRUKTIONER:

GÖR PANNA COTTA:

a) Häll 1 kopp kärnmjölk i toppen av en dubbelpanna.
b) Strö gelatin över kärnmjölken, låt stå och mjukna, ca 5 minuter.
c) Under tiden, i en liten kastrull, låt grädde och knappa ½ kopp socker koka upp. Tillsätt gräddblandningen till gelatinblandningen; lägg över sjudande vatten; vispa tills gelatinet löst sig, ca 5 minuter.
d) Rör ner den återstående koppen kärnmjölk. Passera blandningen genom en sil med ostduk. Dela mellan sex 4-ounce ramekins eller små skålar på en bakplåt. Omslag; kyl tills den stelnat, ca 4 timmar.

GÖR GELE:

e) Häll ¼ kopp citronsaft i en mixerskål. Strö gelatinet över citronsaften och låt stå och mjukna, ca 5 minuter.
f) Koka upp sockret och 1 dl vatten på hög värme i en liten kastrull. Häll sirapen över gelatinblandningen, vispa så att den löser sig. Tillsätt den återstående ¼ koppen citronsaft. Låt blandningen återgå till rumstemperatur.
g) När kärnmjölkspannacottan har stelnat, häll ett ¼-tums tunt lager citrongelé ovanpå varje ramekin.
h) Kyl tills den stelnat, ca 30 minuter. Pannacotta-ramekinerna kan förberedas upp till 24 timmar i förväg, täckta och kylda. Servera kyld och garnera med citronsorbet och frasiga kakor.

6. Berry Gel Panna Cotta

Gör: 6

INGREDIENSER:
BLOMMANDE GELATIN
- 1 paket pulveriserat Knox gelatin
- 3 msk vatten om du använder gelatinpulver

PANNACOTTA
- 1 ½ koppar halv och halv eller 3 % mjölk
- ¼ kopp honung
- Generös nypa havssalt
- 1 msk vaniljstångspasta eller vaniljextrakt eller vaniljkaviar skrapad från 1 vaniljstång
- 1 ½ dl tung grädde / vispgrädde

BÄRFLUID GEL
- 200 g bär
- 3 msk honung
- ½ msk citronsaft
- Nypa salt
- ½ tsk pulveriserat gelatin 1 guldgelatinark

INSTRUKTIONER:
BLOMMA GELATINET
a) Häll vattnet i en liten skål. Strö det pulveriserade gelatinet över vattnet och blanda väl. Ställ åt sidan tills gelatinet absorberar vattnet.
b) Om du använder gelatinark, bryt gelatinbladen på mitten. Fyll en liten skål med kallt kranvatten och sänk ner gelatinbladen i vattnet. Ställ åt sidan i minst 10 minuter tills gelatinet mjuknar. Innan du använder gelatinbladen, ta bort dem från vattenskålen och krama ur överflödigt vatten.

PANNACOTTA
c) Lägg hälften och hälften i en liten kastrull tillsammans med honung, salt och vanilj.

d) Värm på medelvärme och rör om blandningen medan den värms upp. Se till att saltet och honungen löses upp och blandas i basen. Låt INTE blandningen koka upp.
e) När halv- och halvmjölksbasen ångar, ta bort den från värmen.
f) Tillsätt det blommade gelatinet direkt i den varma blandningen och rör försiktigt/vispa tills gelatinet har löst sig helt.
g) Tillsätt den tunga grädden och rör ner den.
h) Dela blandningen i 6 skålar. Varje portion kommer att rymma cirka ½ kopp.
i) Se till att röra om pannacottablandningen varje gång du häller den i en serveringsform så att vaniljfröna blir ordentligt spridda genom blandningen.
j) Låt pannacottan svalna något, täck dem sedan med plastfolie och förvara i kylen över natten.

BÄRFLUID GEL
k) Blomma gelatinet
l) Blanda ½ tsk gelatin med ½ msk vatten och låt det sitta i cirka 10 minuter.
m) Om du använder gelatinplattor, blötlägg gelatinbladen i en skål med vatten i minst 10 minuter tills de är mjuka. Se till att krama ur extra vatten innan du lägger till arken i bärmixen.

BERRY COULIS
n) Lägg bär, honung, salt och citronsaft i en liten kastrull.
o) Koka på medelvärme tills bären bryts ner. Detta kan ta cirka 10-15 minuter.
p) Koka ner blandningen tills du har cirka 1 kopp bärcoulis.
q) Du kan använda bärcoulisen som den är, om du föredrar det. Men för att göra en flytande gel måste du lägga till gelatin.
r) Rör ner det blommade gelatinet tills det löst sig helt i bärcoulisen.
s) Ställ coulis jello i kylen tills den stelnar.
t) När du har stelnat, bryt gelélagret och lägg det i en behållare som kan användas med en stavmixer.
u) Mixa bärgelot tills du har en slät pasta. Du kommer att sluta med en flytande gel.

ATT TJÄNA

v) När pannacottan har stelnat kan du förvara den i kylen i upp till 3 - 4 dagar.

w) Servera pannacottan med en klick bärflytande gel och färska bär ovanpå.

x) Om du formar ut pannacottan, placera formen i varmt vatten i några sekunder tills pannacottan lossnar något och kan lossna från formen.

y) Vänd ut den på ett serveringsfat och knacka eller krama försiktigt i formen för att släppa pannacottan. Skeda halloncoulisen ovanpå och servera genast.

7. Hallon Gelee Pannacotta

Gör: 4

INGREDIENSER:
FÖR PANNA COTTA:
- 1/2 kopp helmjölk
- 1,5 tsk pulveriserat gelatin utan smak
- 1,5 dl tung vispgrädde
- 1/4 kopp strösocker
- 1 tsk vaniljextrakt
- 1/4 tsk salt

FÖR HALLONGELEEN:
- 3/4 tsk gelatinkuvert
- 1/4 kopp vatten
- 1,5 dl färska eller frysta hallon
- 1/4 kopp strösocker
- 2 tsk citronsaft

INSTRUKTIONER

a) Blanda 1,5 tsk av gelatinet med mjölken i en liten kastrull av värmen och låt stå i 5 minuter. Denna process kallas blomning och låter gelatinet absorbera vätska och lösas upp jämnt senare.

b) Sätt pannan på medelhög värme och rör om ofta i 5 minuter tills gelatinet löser sig, se till att du inte kokar mjölken. Sänk värmen till medellåg, om det behövs.

c) Tillsätt grädden, sockret, vaniljextraktet och saltet och rör om i ytterligare 5 minuter tills sockret löst sig. Ta bort blandningen från värmen.

d) Häll blandningen jämnt i 4 valfria glas eller ramekins och låt svalna i rumstemperatur i 15 minuter. Ställ sedan i kylen i 6 timmar för att stelna.

e) För att göra hallongeleen, i en liten kastrull, kombinera det återstående gelatinet med vattnet och låt stå i 5 minuter.

f) Tillsätt hallon, socker och citronsaft och låt sjuda i 5 minuter tills sockret är upplöst. Använd en finmaskig sil för att sila bort hallonfröna.
g) Låt geleen svalna till rumstemperatur, ca 10-15 minuter, innan den hälls jämnt över den kylda pannacottan.
h) Kyl i ytterligare en timme för att stelna geleen. Om så önskas, servera med färska bär på toppen och njut!

8. Yuzu Panna Cotta

INGREDIENSER:
- 3 gelatinblad
- 1 dl helmjölk
- 1 kopp dubbel grädde
- 1 matsked SPRIG ingefära honung
- ½ tesked yuzu-extrakt

INSTRUKTIONER

a) Strö gelatinet över 6 matskedar kallt vatten i en medelstor skål och låt stå i 5 till 10 minuter.
b) Blötlägg gelatinbladen i lite kallt vatten tills bladen är mjuka.
c) Koka upp mjölk, grädde, honung och yuzu-extrakt i en kastrull på medelhög värme.
d) Ta kastrullen från värmen. Krama ur vattnet ur gelatinbladen och tillsätt det i gräddblandningen medan den fortfarande är varm. Blanda tills gelatinet är upplöst.
e) Häll i ramekins eller något annat lätt oljat glas/keramik och ställ i kylen över natten.
f) När pannacottan har stelnat, ta bort dem från ramekins och servera med färska röda vinbär

9. Apelsinsirap Pannacotta med

Gör: 6

INGREDIENSER:
FÖR PANNA COTTA
- 1 1/2 dl helmjölk
- 3 tsk pulveriserat gelatin
- 1/3 kopp strösocker
- 1 1/2 dl grädde
- 1 tsk vaniljpasta
- nypa salt

FÖR Apelsinsirapen
- Skal av en halv stor apelsin
- 3/4 kopp apelsinjuice
- 1/4 kopp vatten
- 1/4 kopp strösocker
- 1 tsk pulveriserat gelatin

INSTRUKTIONER
FÖR PANNA COTTA

a) Om du vill vända ut Panna Cotta på en tallrik när den är färdig, börja först med att spraya dina darioleformar eller ramekins med oljespray.
b) Torka av dem med hushållspapper så att det bara blir ett lätt täcke.
c) Häll den kalla mjölken i en kastrull och strö över gelatinet. Låt den "blomma" i 5 minuter.
d) Sätt på låg värme under kastrullen och rör om i en minut eller två tills gelatinet har löst sig.
e) Tillsätt sockret och rör om igen tills det lösts upp. Detta bör bara ta ytterligare en minut eller två. Låt inte mjölken bli för varm eller koka upp. Det ska bara vara varmt.
f) Ta kastrullen från värmen. Häll i grädde, vanilj och salt och blanda tills det är ordentligt blandat.
g) Häll upp i fat eller formar. Ställ genast i kylen och låt stelna i minst 4 timmar.

h) För att ta bort formen, fyll en skål med varmt vatten bara en tum eller så, och låt formarna stå i det varma vattnet i 10-20 sekunder. Placera ditt serveringsfat ovanpå Panna Cotta-formen och vänd på den.
i) Skaka försiktigt Panna Cotta. De kan behöva lite uppmuntran men bör glida ut perfekt. Dessa smälter om de får stå för länge så se till att du inte vänder ut dem förrän de ska serveras.

FÖR Apelsinsirapen

j) Häll skalet, juicen, vattnet och sockret i en kastrull och låt sjuda under omrörning tills allt socker är upplöst. Stäng av värmen och rör ner gelatinet tills det löst sig.
k) Låt den svalna så ska den bli fin och tjock och sirapslik. Ringla över toppen av Panna Cotta

10. Blackberry Honey Panna Cotta

Gör: 6

INGREDIENSER:
- 1 dl kefir eller kärnmjölk
- 4 oz kuvert utan smak, pulveriserat gelatin
- 2 koppar tung grädde
- 1 vaniljstång, delad
- 1/4 kopp björnbärshonung
- 1/4 tsk kosher salt
- Handfull pistagenötter, hackade

INSTRUKTIONER

a) Mät upp kefiren och strö gelatinet jämnt över toppen, men rör inte om. Låt gelatinet mjukna tills kornen ser blöta ut och som om de börjar lösas upp, 5-10 minuter.

b) Värm under tiden grädden, honungen, saltet och vaniljstången i en kastrull på medelvärme tills det knappt sjuder. Rör om då och då för att lösa upp honungen. Stäng av värmen och ta bort vaniljstången, skrapa ner fröna i grytan.

c) Tillsätt mjölken och gelatinet och rör tills gelatinet lösts upp. Fördela blandningen mellan 6 ramekins eller glas. Täck och kyl tills den stelnat, minst 4 timmar och upp till över natten. Om du ska lämna dem över natten, täck varje ramekin med plastfolie.

d) För att ta bort pannacottan, kör en tunn kniv runt den övre kanten av varje ramekin för att frigöra sidorna och vänd upp den på en tallrik. Du kanske måste skaka ramekinen försiktigt för att pannacottan ska släppa på tallriken. Toppa varje pannacotta med en sked pf rabarber och dess juicer och strö hackade pistagenötter över.

e) Alternativt, servera pannacottas direkt från deras ramekins med garneringen ovanpå.

11. Kokosnöt Panna Cotta Med Passionsfrukt

Gör: 6

INGREDIENSER:
FÖR KOKOSDELEN
- 400 g Kokospuré tjock, fettrik, inte den vattniga
- 80 g strösocker
- 4 gelatinplattor 1,7g gelatin/ark

FÖR PASSIONSFRUKTDELEN
- 250 g passionsfruktpuré färsk eller fryst, frön borttagna, lämna i bara några få frön
- 100 g strösocker
- 4 gelatinplattor
- Sobelkaka
- 45 g florsocker
- 115 g AP-mjöl
- 15 g mandelmjöl
- Nypa salt
- 55 g osaltat smör mycket kallt
- 25 g Ägg ca. ett halvt ägg
- Vit choklad smält
- Strimlad kokosnöt

INSTRUKTIONER
SABELCOOKIE
a) När kakorna har gräddats och svalnat till rumstemperatur, smälter du en liten mängd vit choklad och smörjer kakorna med den
b) Pudra över riven kokos och ställ åt sidan

PANNACOTTA
c) Förbered kokosdelen: Blötlägg gelatinbladen i kallt vatten
d) Värm kokospuré och socker tills det sjuder och sockret lösts upp
e) Ta kastrullen från värmen, krama ur överflödigt vatten från gelatinbladen och rör ner dem i kokosblandningen. Ställ den åt sidan

f) Förbered passionsfruktsdelen: Blötlägg gelatinbladen i kallt vatten
g) Kör passionsfruktpuré genom en sil för att få bort det mesta av fröna. Behåll bara ett fåtal
h) Värm passionsfruktpuré med socker tills det precis sjuder och sockret löst sig helt
i) Ta kastrullen från värmen, krama ur överflödigt vatten från gelatinbladen och rör ner dem i passionsfruktpurén. Ställ den åt sidan

MONTERA

j) Eftersom både kokosdelen och passionsfruktsdelen innehåller gelatin måste du vara försiktig så att du inte låter dem stelna helt innan du sätter ihop dem helt i formen, så låt dem inte svalna helt. Rör om dem då och då
k) Ta din form och låt oss börja monteringsprocessen. Spruta in den vita delen i mitten av varje hålighet, rör sedan in lite mer kokosnötspannacotta i den yttre cirkeln
l) Ställ in formen i frysen i 15 minuter så att kokosdelen kan stelna innan du går vidare till nästa steg. Låt resten av kokosgrädden stå i rumstemperatur och rör om då och då så att den inte stelnar
m) När kokosdelen har stelnat helt i frysen, fortsätt med att sprida passionsfruktdelen ovanpå
n) Frys in formen igen nu i 30 minuter. Se till att du ibland rör om den återstående kokosdelen så att den inte stelnar medan formen är i frysen
o) När passionsfruktsdelen har stelnat helt i frysen, fortsätt med att lägga den återstående vita delen ovanpå. Låt den svalna i frysen i min 6h, över natten är ännu bättre
p) När pannacottan är helt fryst, släpp dem försiktigt men bestämt från formen. Se till att du trycker på mitten speciellt så att det inte fastnar i formen
q) Lägg varje pannacotta på kokossabelkakan medan pannacottan är frusen
r) Låt pannacottan tina antingen i rumstemperatur eller i kylen

12. Pepparkakor Tranbär Panna Cotta kakor

Gör: 4

INGREDIENSER:
PEPPARKAKSBAS
- 130 gram pepparkakor, krossade
- 65 gram mjölkfritt smör eller kokosolja, smält

TRANVÄRSJELLY
- 2 1/2 dl tranbär
- 2 koppar vatten
- 1 apelsin, skalad och saftad
- 1/4 kopp lönnsirap
- 1 tsk agar-agarpulver

KOKOS PANNA COTTA
- 1 400 milliliter burk kokosmjölk
- 1/4 kopp lönnsirap
- 65 gram vegansk vit choklad
- 1 tsk rent vaniljextrakt
- 1 tsk agar-agarpulver

INSTRUKTIONER

a) Blanda ingredienserna till pepparkaksbotten i en medelstor skål och tryck ut blandningen ordentligt i små kakformar. Kyl tills den stelnar.
b) Blanda tranbär, apelsinjuice och skal i en kastrull. Tillsätt lönnsirap och vatten. Låt sjuda på medelvärme och koka, rör om då och då tills bären spricker och såsen tjocknar, cirka 15 minuter.
c) Sila blandningen genom en finmaskig sil, använd baksidan av en sked för att pressa ut saften. Reservera tranbärsblandning.
d) Tillsätt tranbärsjuicen i kastrullen, koka på medelvärme. Tillsätt agar-agar och blanda tills det är helt upplöst. Låt puttra i 1 minut. Häll blandningen över basen senare, kyl tills den stelnat.
e) Tillsätt kokosmjölk i en kastrull, koka på medelhög värme, under konstant omrörning i 1 minut. Tillsätt agar-agar och blanda tills det är helt upplöst. Vispa i vit choklad, lönnsirap och vanilj. Låt puttra i 1 minut. Häll över tranbärsskiktet, kyl tills det stelnat.
f) Ta bort kakorna från formarna.
g) Toppa med tranbärssås och servera.

13. Granatäpple Panna Cotta

Gör: 8

INGREDIENSER:
- 1/2 kopp tung grädde
- Saft och skal av 1 apelsin
- 1 tsk strösocker
- 1/2 tsk gott vaniljextrakt
- 1 1/2 dl helmjölk
- 1 matsked pulveriserat gelatin
- 1 1/2 dl granatäpplejuice
- 1 matsked pulveriserat gelatin
- 2 tsk strösocker
- Frön av 1 granatäpple, till garnering

INSTRUKTIONER

a) Tillsätt grädden, apelsinjuicen och skalet i en kastrull på medelvärme. Tillsätt sockret och låt koka upp. Tillsätt vaniljen och rör om.

b) Tillsätt mjölken i en liten skål och strö över gelatinet. Låt mjukna ca 5 minuter. Rör ner mjölken och gelatinet i grädden tills det lösts upp.

c) Fördela blandningen mellan glas, lutad i en tom äggkartong eller muffinsform. Kyl tills den stelnat minst 2 timmar, över natten är bäst.

d) Tillsätt under tiden 1 msk gelatin till granatäpplejuice och låt lösas upp i 5 minuter i en måttkanna. Lägg i en kastrull med socker och låt koka upp. Låt svalna något, häll tillbaka i måttkanna och häll över den stelnade pannacottan. Kyl tills den stelnat.

e) Garnera med granatäpplekärnor.

14. Key Lime Panna Cotta

Gör: 6 portioner

INGREDIENSER:
- 2 dl tung vispgrädde
- ½ kopp strösocker
- 1 paket gelatin
- 1 tsk vaniljextrakt
- 1 tsk Key Lime Zest
- 2 ½ teskedar Key Lime Juice, färskpressad

INSTRUKTIONER

a) I en liten skål kombinera paketet gelatin med 3 matskedar kallt vatten; vispa ihop och ställ åt sidan.

b) Kombinera grädde, socker och vanilj i en tung, medelstor kastrull på medelhög värme. Rör om ofta tills sockret är helt upplöst.

c) Tillsätt gelatinblandningen och vispa så att gelatinet löses upp och blanda helt med gräddblandningen. Rör ner limeskal och saft.

d) Häll lika mycket i 6 önskade serveringskärl eller ramekins. Ställ in i kylen i 3-4 timmar tills den stelnat helt.

e) För att frigöra pannacottan: Om du väljer att vända ut pannacottan på enskilda serveringsfat istället för att servera i en skål som visas här, placera behållarna med pannacottan i en kastrull med varmt vatten som är tillräckligt djup för att värma utsidan av pannacottan. skålar men inte så djupa att det kommer in i skålarna. Låt sitta några minuter.

f) Ta bort och ställ en enskild serveringsfat med framsidan nedåt på toppen av pannacottaskålen. Vänd försiktigt upp och skaka pannacottaskålen lätt så att pannacottan släpper på tallriken. Om den inte släpper, upprepa igen.

15. Pannacotta för blodapelsin

INGREDIENSER:

- Kanderade blodapelsiner, sirap reserverad för garnering
- Saft från 4 blodapelsiner fin och fruktig
- 1 paket gelatin
- 2 och 1/2 koppar Heavy Cream
- 1/2 kopp socker
- 3 matskedar vatten
- 2 tsk finrivet blodapelsinskal
- 2 tsk vaniljextrakt

INSTRUKTIONER

a) Vispa ihop blodapelsinjuice, vatten och gelatin i en liten skål och ställ åt sidan. Koka upp sockret och grädden i en liten kastrull på medelvärme, vispa varannan minut.

b) När det börjar koka, sänk värmen till en sjud och vispa i gelatinblandningen.

c) Fortsätt koka i två minuter, vispa hela tiden. Ta av från värmen och vispa i blodapelsinskalet och vaniljextraktet tills det blandas. Låt blandningen svalna till rumstemperatur innan den fördelas i 6 separata ramekins.

d) Placera ramekins i kylen för att gela i 6 timmar eller över natten.

e) När den stelnat, ringla lite av sirapen från de kanderade blodapelsinerna i varje ramekin och garnera varje ramekin med en kanderad blodapelsin. Servera omedelbart.

16. Aprikoser & honung Panna Cotta

Gör: 4-6

INGREDIENSER:
- För aprikoserna:
- 6 aprikoser
- olivolja

FÖR PANNA COTTA:
- 1/4 kopp vatten
- 1 matsked pulveriserat gelatin
- 2 koppar tung grädde
- 1/4 kopp honung
- 1 kopp fet kärnmjölk

INSTRUKTIONER
FÖRBERED APRIKOSER:
a) Skär aprikoserna på mitten och ta bort gropen. Pensla lätt med olivolja och grilla på glödande kol tills de är mjuka.
b) Låt svalna och puré slät i en matberedare. Fördela blandningen mellan 6 glas.

FÖRBERED PANNACOTTAN:
c) Häll vattnet i en liten skål och strö gelatinet över. Boka.
d) I en stor tjockbottnad kastrull placerad på medelvärme, låt den tjocka grädden och honungen koka upp. När grädden är varm, ta bort från värmen och vispa i det reserverade gelatinet tills det är helt upplöst. Tillsätt kärnmjölken och vispa tills det är väl blandat.
e) Fördela blandningen ovanpå aprikospurén. Låt stå i rumstemperatur i 20 minuter och kyl sedan i minst 4 timmar innan servering för att krämen ska stelna ordentligt.

17. Creme Fraiche Panna Cotta med björnbär

Gör: 6

INGREDIENSER:
- 1 dl helmjölk
- 1 kopp tung grädde
- ½ kopp strösocker
- ⅔ kopp crème fraiche
- 4 ark gelatin eller 1 msk pulveriserat gelatin
- garnering
- färska björnbär
- krossade pistagenötter
- vit choklad krispiga bollar, valfritt

INSTRUKTIONER

a) Häll mjölk, grädde, socker och crème fraiche i en kastrull och vispa till en slät smet.
b) Sätt kastrullen på medel-låg till medelhög värme och låt sjuda tills sockret löst sig under omrörning.
c) Fyll en blandningsskål med isvatten och tillsätt gelatinblad för att "blomma". När arken blivit mjuka och smidiga, rör ner dem i mjölkblandningen.
d) Rör om tills gelatinet löser sig.
e) Ta bort mjölkblandningen från spisen och häll i 6 4-ounce ramekins. Överför fyllda ramekins till en bakplåt och ställ i kylen för att stelna. Låt pannacottas stå i kylen i minst 4 till 6 timmar och upp till 2 dagar.
f) Toppa med bär, pistagenötter och krispiga bollar av vit choklad, om du använder. Tjäna.

18. Panna Cotta och Mango Mousse Domes

Gör: 6-7 kupoler

INGREDIENSER:
PANNACOTTA
- 150g vispgrädde
- 50 g mjölk
- 33g strösocker
- 2 teskedar vaniljstångspasta
- 2g bladgelatin

MANGO KUBAR
- 1 tärnad mangokött
- 100 g mangopuré
- 2g bladgelatin
- 25 g strösocker

MANGO MOUSSE
- 150 g mangopuré
- 4 g bladgelatin
- 10 g strösocker
- 120g vispgrädde

MANGO GLASUR
- 1 tsk citronsaft
- 100 g mangopuré
- 4 g bladgelatin
- 2 teskedar strösocker

INSTRUKTIONER:
FÖR PANNA COTTA
a) Koka upp vispgrädde, mjölk, socker och vaniljstångspasta.
b) Ta bort från värmen, tillsätt och rör om mjukat gelatin tills det löst sig.
c) Låt svalna. Häll blandningen genom en sil i små glas eller formar.
d) Kyl i kylen tills den stelnat.

FÖR MANGOKUBARNA
e) Skär mangon i små tärningar.

f) Koka upp hälften av mangopurén med sockret tills sockret är upplöst.
g) Ta bort från värmen, tillsätt och rör om mjukat gelatin tills det löst sig.
h) Blanda i den andra hälften av mangopuré och mangotärningar.
i) Skeda mangotärningarna ovanpå pannacottan.
j) Kyl i kylen tills den stelnat.

FÖR MANGOMOUSSEN

k) Koka upp hälften av mangopurén med sockret tills sockret är upplöst.
l) Ta bort från värmen, tillsätt och rör om mjukat gelatin tills det löst sig.
m) Blanda i den andra hälften av mangopurén.
n) Tillsätt vispad grädde och rör om väl till ljusgul mangomousse.
o) Skeda ovanpå mangotärningarna.
p) Kyl i kylen tills den stelnat.

FÖR MANGO GLASYREN

q) Koka upp hälften av mangopurén med sockret tills sockret är upplöst.
r) Ta bort från värmen, tillsätt och rör om mjukat gelatin tills det löst sig.
s) Blanda i den andra hälften av mangopuré och citronsaft.
t) Låt svalna. Forma under tiden pannacottan och mangomoussen.
u) Häll mangoglasyren över. [Se mitt äldre inlägg för att se ett trick]
v) Kyl i kylen tills den stelnat. Dekorera och njut.

19. **Mango Panna Cotta**

Gör: 4 portioner

INGREDIENSER:
- 2 tsk gelatinpulver
- 2 matskedar vatten
- 1 stor mango
- 1-2 tsk citronsaft
- 1 tsk socker
- 1 kopp mjölk
- 1/4 kopp strösocker
- 1/2 kopp grädde

INSTRUKTIONER:
a) Strö gelatinpulver i vatten i en liten skål och blöt i 5-10 minuter.
b) Skala och stena mangon, skär grovt och lägg all fruktkött och juice i en mixer. Mixa tills det är slätt. Tillsätt citronsaft för extra syrlighet efter behov.
c) Spara 2-3 msk mosad mango i en liten skål, tillsätt 1 tsk socker och blanda väl. Du kanske vill lägga till lite likör. Det här blir såsen.
d) Häll mjölk och socker i en kastrull och värm på medelvärme under omrörning och låt koka upp. Avlägsna från värme.
e) Tillsätt blötlagt gelatin, blanda väl tills gelatinet löst sig. Tillsätt grädde och slät purerad mango och blanda ihop.
f) Häll upp blandningen i serveringsglas eller geléformar. Ställ dem i kylen och låt stelna.
g) Servera med den sparade mangopurén.

20. Kokosvatten Pannacotta med saffran

Gör: 6 portioner

INGREDIENSER:
- 2-3 msk Agar-Agar-trådar
- 1 liter färskt kokosvatten
- 2 msk socker
- 8-10 saffranstrådar

INSTRUKTIONER:

a) Blötlägg först agar-agarsträngar i en kopp vatten. Håll det åt sidan i 30 minuter. Låt det först koka upp på hög värme. Sänk sedan värmen och låt det lösas upp helt. Det tar cirka 8-10 minuter.

b) Värm kokosvatten och socker tills det är precis varmt. Tillsätt denna agar-agarblandning till den. Sila den om så önskas. Men det behövs inte alls. Du kan lägga till det direkt. Men se till att den ska lösas upp helt som du kan se på bilden. Rör även i saffranstrådarna. Blanda väl och låt det svalna innan du kyler det.

c) Täck den och ställ i kylen tills den stelnat. Skiva och njut med lite torr kokos hackad ovanpå. Eller som det är. Det smakar så himla häftigt. Mums!

21. Vaniljpannacotta med björnbärssås

INGREDIENSER:
- 300 ml dubbelkräm
- 200 ml helmjölk
- 50 g strösocker
- 2 ark gelatin
- 1 tsk vaniljstångspasta
- 150 g björnbär
- 2 msk strösocker
- 5 msk vatten
- 1 pressa citron

INSTRUKTIONER:
a) Blanda mjölkgrädde och socker i en kastrull på medelvärme. Låt koka upp under omrörning för att lösa upp sockret
b) Rör ner vaniljen. Blötlägg under tiden gelatinbladen i kallt vatten i 5 minuter. Krama ur överflödigt vatten, tillsätt grädden och rör om så att det löser sig.
c) Häll upp i formar och ställ i kylen i 2-3 timmar
d) För att göra såsen, reservera 4-8 bär och lägg resterande björnbär i en kastrull med socker och vatten. Låt sjuda i 5 minuter, krossa bären
e) Tillsätt en skvätt citronsaft, passera genom en sil och tillsätt de reserverade björnbären för att marinera
f) När de är klara att servera, lägg formarna i varmt vatten i 20 sekunder, vänd upp på en tallrik och servera med björnbär och sås

22. Apelsin Pannacotta och Apelsingelé

INGREDIENSER:
- För Panna Cotta:
- 1/2 kopp helmjölk
- 1 & 1/4 kopp tung vispgrädde
- 1 tsk pulveriserat gelatin
- 1/4 kopp vitt socker
- 1/2 tsk vaniljextrakt
- Skal av en apelsin
- För apelsingelén:
- 1/2 dl färskpressad apelsinjuice
- 2 & 1/2 tsk pulveriserat gelatin
- 1/4 kopp vitt socker
- 1 kopp vatten

INSTRUKTIONER:
a) För att göra Panna Cotta, dela mjölken på mitten och häll hälften i en skål.
b) Strö gelatin över mjölken och låt stå i 15 minuter för att blomma (framgångsrikt blommat gelatin kommer att se svampigt ut)
c) Blanda den återstående hälften av mjölken med grädde, apelsinskal, vanilj och socker i en kastrull. Rör om på medelvärme tills sockret löst sig helt. Blandningen ska värmas upp men inte koka.
d) Ta nu av värmen och ställ åt sidan för att dra i några minuter (kanske ca 15 minuter). Täcket är viktigt för att låsa in apelsinsmaken från skalet, så hoppa inte över det
e) Sätt tillbaka den genomsyrade blandningen på värmen för att sjuda, tillsätt sedan gelatin- och mjölkblandningen och rör om tills gelatinet löst sig helt. Använd en liten sil, sikta blandningen och din pannacotta-blandning är redo att fyllas i ramekins, dessertmuggar eller glas direkt efter silning. Kyl tills den stelnat.
f) Cirka 4 timmar. Du kan enkelt ställa dessertmuggarna i vinkel för att bli kreativ med din pannacotta

g) För att göra geléen, blomma gelatinet i hälften av apelsinjuicen i 5 minuter
h) Koka upp vatten och socker på hög värme tills det blir sirapsliknande (inte tjock), häll sedan denna blandning över det blommande gelatinet och vispa för att helt lösa upp gelatinet. Rör ner den återstående hälften av saften och låt blandningen svalna till rumstemperatur
i) Häll den kylda geléblandningen över den stelnade pannacottan. Du kan hälla ett tjockt eller tunt lager efter önskemål. Låt gelé stelna på din pannacotta i kylen i cirka en halvtimme.
j) Servera kyld och avnjut som efterrätt

23. Jordgubbspannacotta med karamelliserade jordnötter

INGREDIENSER:

- 200 g jordgubbsbitar
- 60 g socker
- pannacotta
- 250 ml mjölk
- 2 tsk gelatin utan smak
- 80 g socker
- 1 paket krossade jordnötter

INSTRUKTIONER:

a) Ta en panna lägg jordgubbsbitar, lägg till socker håll på lågan koka 3 till 5 minuter när sockret smält sedan jordgubbsmjukt bildar saftig konsistens
b) Ta värme en panna häll mjölk håll koka tillsätt socker, under tiden ta en skål sätt gelatin häll vatten blanda väl ersätt gelatin i mjölk koka 2min.
c) Häll i en form lämna 30mins sedan häll jordgubbssås på en tallrik häll sås på den
d) Dekorera krossade jordnötsbitar, myntablad på den redo att serveras

24. Jordgubbar och kiwi pannacotta

INGREDIENSER:

- 1 dl mjölk
- 1 kopp färsk grädde
- 1 matsked gelatin
- 3 msk socker
- 1 kiwi hackad
- 2-3 jordgubbar hackade

INSTRUKTIONER:

a) Häll mjölk i en kastrull tillsätt gelatin i 4-5 minuter för att mjuka upp gelatinet.
b) Värm nu mjölkblandningen bara tills gelatinet löst sig men mjölken inte kokar ca 4-5 minuter.
c) Tillsätt socker och grädde, blanda väl.
d) Ta bort från värmen och låt den svalna.
e) Häll upp i glasen och ställ i kylen i 4-5 timmar. men frys den inte.
f) När det är svalt än garnera med hackad kiwi och jordgubbar.

25. Kärnmjölkspannacotta med citrussås

INGREDIENSER:
- 1 kopp kärnmjölk
- 1/4 kopp socker
- 1/2 kopp Heavy Cream
- 1-2 trådar Agar-Agar bruten grovt

TILL CITRUSÅSEN
- 1 Orange
- 5-6 Orange segment
- 3-4 msk socker

INSTRUKTIONER:

a) Hetta upp grädde och socker i en kastrull. Rör ner agar-agar nu. Låt det lösas upp. Fortsätt att röra om. Det tar en till två minuter. Koka inte. Det ska vara varmt. Det är allt. Till detta tillsätt kärnmjölken. Rör om snabbt. Smörj din skål som du ska ställa den i något.

b) Häll blandningen i den eller individuella ramekinformar efter önskemål och låt stelna. Värm socker och apelsinjuice i en kastrull på medelhög värme, rör om då och då tills sockret lösts upp. Lägg till Orange-segmenten också.

c) Ta bort den från värmen så fort den tjocknar. Kyl Panna Cotta i minst 2-3 timmar eller tills den stelnat. Servera kyld med citrussås.

26. Plommon pannacotta

INGREDIENSER:
- 1 kopp färsk grädde
- 1/4 kopp ostmassa
- 3 msk socker
- 4-5 Vanilla Essence
- 1 msk gelatin
- 5-6 plommon
- 1/4 kopp socker
- 1/4 kopp vatten

INSTRUKTIONER:

a) Ta upp färsk grädde och socker i en kastrull och värm på svag värme tills sockret lösts upp. Stäng av lågan och ställ åt sidan för att svalna.

b) Ta upp gelatinet i en liten skål och tillsätt 2-3 msk kokande vatten. Blanda väl och håll åt sidan

c) Mixa yoghurten med en stavmixer tills den är slät.

d) Tillsätt nu yoghurten till den färska grädd- och sockerblandningen och blanda väl. Tillsätt gelatin och vaniljextrakt och blanda igen allt väl. Sila blandningen med en muslinduk eller i en sil och överför till ramekinformar eller silikonformar eller muffinskoppar eller glasskålar som du föredrar.

e) Kyl den i 2-3 timmar eller tills den stelnat.

f) Låt oss göra en enkel plommonsirap för topping. Kärna ur plommonen och lägg över i en kastrull med socker och vatten.

g) Koka den i 5-10 minuter eller tills sockret löst sig och ställ åt sidan för att svalna. Mixa allt till en slät puré och värm i ytterligare 5-7 minuter. Din plommonsås är klar.

h) Förvara den i kylen en gång och använd när den behövs.

i) Nu är det sista steget att ordna din Pana Cotta.

j) Forma din Pana Cotta till en serveringsfat och toppa den med den kylda plommonsirapen och skivor av färskt plommon.

27. Mango Panna Cotta med Spun Socker dekoration

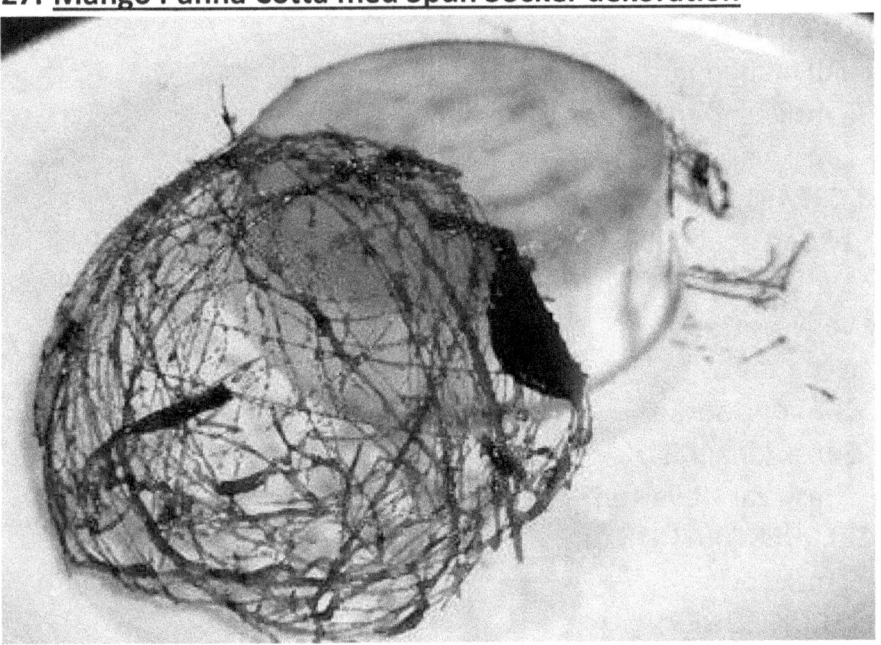

INGREDIENSER:
MANGOLAGER:
- 2 dl mangopuré
- 2 msk agar agar/gelatin/porslin
- 2 msk varmt vatten

FÖR CREAM LAYER:
- 1 kopp helmjölk
- 1 dl grädde
- Vanilj extrakt
- Nypa salt
- 1/2 kopp socker
- 2 msk kinagräs
- 2 msk varmt vatten

SOCKERDEKORATION
- 2 msk socker

INSTRUKTIONER:
a) Ta en stor skål tillsätt porslinsgräs och vatten och blötlägg i 15 minuter. Efter det blanda det helt. När det har löst sig tillsätt mangopuré och blanda det. Se till att det blandas helt. Ta ett serveringsglas förvara i en skål i tvärriktningen och häll lite mangoblandning i det och ställ i kylen i 2 timmar.

b) För grädde lager-2 msk gelatin blötlägg i varmt vatten och håll åt sidan. Jag har tagit hemgjord grädde. (En kopp grädde förvaras i frysen i en halvtimme. Efter den mixen i mixer får du färsk grädde.) Värm 1 dl mjölk tillsätt socker och håll åt sidan. Socker ska lösas upp helt och mjölken ska vara kall. Tillsätt nu vaniljextrakt och blanda väl. Ta en skål tillsätt grädde söt mjölk gelatin löst vatten och blanda det ordentligt all blandning ska blandas ordentligt.

c) Ta ett mangopuréglas från kylen, lägg på grädde och låt stå igen i 2 timmar tills det stelnar helt. Garnera med lite hackad mango

d) Ta en panna tillsätt socker och värm det koka upp utan att röra en medium karamellfärg. Ta bort från värmen och häll karamell på en smörjpanna och gör design enligt ditt val. Låt den stelna och bryts i skärvor

28. Kokos pannacotta med ananasglasyr

INGREDIENSER:

- 1 dl kokosmjölk
- 1 kopp tung grädde
- 1 1/4 tsk agaragar
- 3 msk socker
- 1 kopp ananas
- 1 msk smör
- 1 msk farinsocker

INSTRUKTIONER:

a) Tillsätt grädde, kokosmjölk och agar-agar i en stor kastrull. Vispa tills det blandas och låt stå åt sidan i 15 minuter.
b) Tillsätt sockret i pannan och blanda väl. Sätt sedan på lågan till medelhög. Värm tills sockret och agarn löser sig, blanda hela tiden tills det precis börjar koka.
c) Värm i ytterligare 3-4 minuter på låg låga, blanda hela tiden och stäng av lågan.
d) Använd en fin mos och filtrera blandningen i en ren skål. Häll blandningen i valfritt glas och kyl tills pannacottan stelnat.
e) För att göra ananasglasyren, tillsätt smör och farinsocker i en kastrull och värm på medelhög låga. Fortsätt röra tills smöret smält och sockret är upplöst.
f) Tillsätt nu ananasen (jag hackade den fint, om du vill behålla större bitar) i pannan, blanda väl och fortsätt koka tills ananasen är mjuk.
g) Om ananasen inte är söt måste du använda lite mer socker. Kyl tills kylan.
h) Lägg ananasglasyren ovanpå pannacottan och servera kall. Njut av.

29. Tricolor Panna Cotta Delight

INGREDIENSER:
FÖR MANGOLAGER
- 1 kopp mangopuré
- 2 msk vatten
- 1 tsk gelatin utan smak eller använd 4 g porslinsgräs/agaragar
- efter smak Socker

FÖR GRÖNT(KHAS) LAGER
- 1 kopp tung grädde
- 2-3 msk khassirap
- efter smak Socker
- 1 tsk gelatin
- efter behov Några droppar grön matfärg (valfritt)

FÖR VANILJKRÄMLAGER
- 1 kopp tung grädde
- efter smak Socker
- 1/2 tsk vanilj essens
- 1 tsk gelatin

INSTRUKTIONER:
FÖR MANGOLAGER
a) Tillsätt först gelatin och 2 msk vatten i en liten skål, blanda väl och låt stå i 5 minuter för att blomma. Tillsätt mangopuré, gelatin i en kastrull och värm det i 2-3 minuter på låg värme.
b) Stäng av värmen och häll blandningen i valfri form av form/glas och förvara den i kylen för att stelna helt.

FÖR KHAS-LAGER
c) I en liten skål tillsätt gelatin och låt det stå i 5 minuter för att blomma. Tillsätt sedan grädde, socker i en kastrull och koka på medelvärme tills sockret har lösts upp.
d) När blandningen nått kokpunkten stäng av värmen, tillsätt khassirap, några droppar grön matfärg, (valfritt) blommande gelatin och rör om tills det löst sig helt.
e) Låt den svalna till rumstemperatur och häll sedan denna blandning över mangoskiktet och förvara den igen i kylen för att stelna.

FÖR VANILJLAGER

f) I en liten skål tillsätt gelatin och låt det stå i 5 minuter för att blomma. Tillsätt sedan grädde, socker i en kastrull och koka på medelvärme tills sockret har lösts upp.

g) När blandningen nått kokpunkten stäng av värmen, tillsätt vaniljextraktblomdat gelatin och rör om tills den lösts upp helt. Låt den svalna till rumstemperatur och häll sedan denna blandning över Khas-skiktet och förvara den igen i kylskåpet för att stelna helt.

h) Läcker 3 lager Panna Cotta Delight är redo att serveras.

30. Mango Lassi Panna Cotta

INGREDIENSER:
- 2 stora mango
- 1/4 kopp mjölk
- 2/3 kopp yoghurt
- 1 kopp tung grädde
- 2 msk socker
- 1 tsk agar-agarpulver
- 1 tsk kardemummapulver
- 3-4 saffranstrådar

INSTRUKTIONER:
a) Blötlägg agar-agarpulvret i tillräckligt med vatten så att det blötläggs väl. Det är nödvändigt.
b) Gör mangopuré genom att skala, skär skivor och lägg i en mixer för att göra en puré
c) Tillsätt mjölk och grädde i en kastrull och låt koka upp på medelhög värme.
d) Tillsätt kardemummapulver och saffranssträngar. Tillsätt mangopuré och yoghurt och vispa väl under lågan. Avsätta
e) Kyl i 2-3 minuter och sila av mangomixen
f) Smörj formarna. Häll upp i formar och kyl över natten
g) Garnera med små mangoskivor och myntablad och njut

31. Kokosmjölk och apelsin Pannacotta

INGREDIENSER:

- 250 ml kokosmjölk
- 4-5 msk socker
- 1 Orange
- 2-3 trådar Agar-Agar
- 1/2 kopp vatten

INSTRUKTIONER:

a) Koka kokosmjölk på låg värme med socker tillsatt tillsammans med färskpressad apelsinjuice tillsammans med skalet. Avsätta. Tillsätt under tiden en halv kopp vatten till Agar-Agar-strängarna som rivs av i små bitar. Koka upp på hög värme först och låt sedan puttra i ca 4-5 minuter.

b) Det är viktigt att det är helt upplöst och nästan genomskinligt. Sedan är det klart att blandas i kokosmjölk och apelsinjuice.

c) Blanda väl. Lägg till detta till valfritt glasfat eller en kakform beroende på vad som är praktiskt. Låt den svalna lite och håll den på en sval plats. Ställ den sedan i kylen tills den är kall.

d) Skiva och njut!

32. Granatäpple pannacotta

INGREDIENSER:
- 1/2 pack färsk grädde
- 1 msk socker
- 1 1/2 dl mjölk
- 1 tsk gelatin
- 1 kopp granatäpplejuice
- 1 tsk vaniljessens

INSTRUKTIONER:
a) Strö gelatin på mjölk och vila i 10 minuter
b) Värm grädde tillsätt socker och vaniljessens
c) Blanda gelatinblandningen häll i glas
d) Ställ i kylen över natten
e) Värm granatäpplejuice tillsätt gelatinblandning häll över din pannacotta
f) Ställ i kylen över natten
g) Dekorera med färska granatäpplen

33. Grön Och Vit Panna Cotta

INGREDIENSER:
- 1 paket grön gelébanan
- 2 dl vatten
- 1/3 kopp kokt vatten
- 3 tsk gelatin
- 400 ml grädde
- 5 msk socker eller efter smak
- 1 tsk vaniljessens

INSTRUKTIONER:
a) Koka upp vattnet tillsätt gelé och rör om.
b) Ställ in en gelé i små glas i kylen i 1/2 timme.
c) Lös upp gelatin i varmt vatten.
d) Tillsätt socker och blanda väl.
e) Tillsätt vaniljessens och blanda väl.
f) Tillsätt grädde och blanda väl.
g) Häll den på grönt gelé kylskåp igen om 1/2 timme.

34. Grekisk yoghurt Pannacotta med dadelpuré

INGREDIENSER:
FÖR PANNA COTTA:
- 1 kopp tung grädde
- 1/3 kopp socker
- 1/8 tsk salt
- 1 tsk vaniljextrakt
- 1 kuvert smaklös gelatin
- 2 koppar grekisk yoghurt

FÖR DATUMPURE:
- 2 koppar dadel (pitta och blötlägg i vatten och gör sedan en pasta i mixer)
- att smaka socker
- 1 msk majsstärkelse

INSTRUKTIONER:

a) Blanda 1 kuvert gelatin i en liten skål med 3 matskedar vatten och ställ åt sidan i 5 minuter.
b) Blanda grädde, socker, salt och vaniljextrakt i en kastrull. Koka den i cirka 5 minuter (under konstant omrörning) på medelvärme tills sockret löst sig helt. Du behöver inte koka upp den, utan värm den tillräckligt mycket för att blanda ihop alla ingredienser.
c) Stäng av spisen och tillsätt det upplösta gelatinet i blandningen, vispa tills det är väl blandat.
d) Tillsätt 2 dl grekisk yoghurt och rör om mycket väl tills du har en slät konsistens.
e) Dela den här blandningen i 4 glas och ställ i kylen ett par timmar.

DATUM PURÉ:

f) I en kastrull blanda dadlar puré socker och låt det koka upp och koka i ca 3-4 minuter.
g) Blanda majsstärkelse med 3 matskedar vatten och tillsätt det i såsen. Rör om ordentligt i en minut och stäng sedan av värmen. Låt såsen svalna och häll den sedan ovanpå den kylda pannacottan.
h) Täck med plastfolie och ställ i kylen ytterligare ett par timmar.
i) Innan du serverar desserten, toppa den med hackad dadel och myntablad.

35. Vattenmelon panna cotta

Gör: 1-2 portioner

INGREDIENSER:
- 1 fjärdedel vattenmelon
- 1-2 msk gelatin
- att smaka på socker
- För mjölken
- 2 koppar mjölkpulver
- 2 koppar vatten
- 2 msk gelatin
- att smaka på socker

INSTRUKTIONER:

a) Tvätta, skär och krossa vattenmelon, du kan sikta för att ta bort frön (valfritt), lösa upp gelatin med 2 matsked varmt vatten och tillsätt för att krossa vattenmelon, tillsätt socker efter din smak, blanda och häll i en kopp och kyl genom att böja koppen något på ett kylställ för att få formen på pannacottan du önskade i koppen!

b) Tillsätt vatten, socker och mjölk i en kastrull, tillsätt gelatin och låt koka upp under omrörning, låt svalna helt, häll mjölk i vattenmelongel du redan har kylt

c) Ställ i kyl igen, ta fram efter att den stelnat och blivit kall, garnera pannacotta med vattenmelonbitar, färskt myntablad och strössel, sedan serverar du, njut!

36. Mango litchi pannacotta

INGREDIENSER:
- 1 mango
- 12-15 litchi
- 1 dl vispgrädde
- 1 dl mjölk
- 3 tsk socker
- 3 tsk gelatinpulver

FÖR GARNERING
- efter behov Chokladchips
- några stycken Cherry

INSTRUKTIONER:
a) Skala mangon, ta ut fruktköttet och mal den slät konsistens.
b) Ta gelatin i 4 tsk vatten och blanda det ordentligt, blanda det i mango och överför i glaset och ställ in i frysen i 10 till 29 minuter tills det blir tjockt.
c) Ta nu litchi och skala det.
d) Mal den väl med bara socker.
e) Gör samma process med gelatin för litchikonsistens. Du kan också göra gelatinlösning i mango och litchijuice.
f) Häll lychees textur i samma glas mango och luta från olika håll och lägg ner dem hälften, sätt igen frysen.
g) Ta nu mjölk, socker och grädde och mal dem väl. Lägg över i en skål och gör samma äkta gelatin.
h) Ta ut glasen, häll mjölkkrämens konsistens till glasen och garnera dem väl efter ditt humör. Njut av fruktsäsongen i ny stil.

37. Persimmon pannacotta

Gör: 4 portioner

INGREDIENSER:
- 400 ml vispgrädde
- 1/3 kopp socker eller efter din smak
- 3 tsk gelatin eller agaragar

FÖR PERSIMMONPURÉ
- 1/4 kopp vatten
- 2 persimmon medelstora
- 2 tsk agar agar eller gelatin

INSTRUKTIONER:
a) Värm 350 ml vispgrädde i en liten panna. Sikta i socker och rör om försiktigt.
b) I en separat skål blanda agar agar med 50 ml varm vispgrädde blanda väl, tillsätt nu denna blandning i pannan krämig blandning i 2 minuter, rör om. Låt svalna lite.
c) Fyll i 4 glas till kanten och låt pannacottan stelna i kylen – ungefär en timme.
d) Skär persimmon och skala av skalet. Blanda den med vatten om det behövs till puré.
e) Lös 2 tsk agarpulver i 25 ml varmt vatten, tillsätt det till persimonpuré. Blanda väl.
f) Fyll det återstående utrymmet i glasen med persimonpuré. Låt stelna i kylen i ca 2 till 4 timmar eller tills den stelnat helt.

38. Vaniljsås och vattenmelon Pannacotta

Gör: 4 portioner

INGREDIENSER:
- 500 ml mjölk
- 1 matsked vaniljsåspulver -
- Socker - efter din smak
- Vattenmelon - 1 stor skål, utan kärnor och skär i bitar
- 1/2 sked stensalt
- 1 msk myntablad
- 1 sked citronsaft

INSTRUKTIONER:
a) Ta 1/2 dl mjölk, tillsätt vaniljsåspulver och blanda väl.
b) Koka upp mjölken, tillsätt vaniljsås och socker.
c) Stäng av gasen efter 5 minuter.
d) Kyl blandningen.
e) Ta 4 glas, tillsätt vaniljsåsmjölk och låt stå i frysen i 4-5 timmar.
f) Ta en burk, tillsätt vattenmelonbitar, stensalt, myntablad och citronsaft och intetsägande.
g) Tillsätt nu denna blandning i vaniljsås och låt stå i frysen i 4-5 timmar.
h) Garnera med myntablad och servera kyld.

39. Päronkompott i gelé med pannacotta

Gör: 8 portioner

INGREDIENSER:
PÄRONKOMPOT I GELE:
- 2 asiatiska päron
- 200 ml vitt vin
- 60 gram socker
- 10 ml citronsaft
- 2 gram gelatinplattor

PANNACOTTA
- 200 ml Kraftig kräm
- 200 ml mjölk
- 30 gram socker
- 30 gram honung
- 6 gram gelatinplattor

INSTRUKTIONER:
Gör päronkompotten
a) Skär päronen i 16 klyftor vardera och lägg i en kastrull tillsammans med ingredienserna. Börja tillaga på hög värme.
b) Koka upp för att förånga alkoholen i det vita vinet, låt sedan sjuda på medelvärme tills päronen blir genomskinliga. Skumma av allt avskum också.
c) Päronen blir genomskinliga på några minuter. Stäng av värmen och låt svalna i pannan.
d) När det har svalnat till rumstemperatur, överför du päronen med pocheringsvätskan till en förvaringsbehållare och kyl i kylen.

Gör pannacottan:
e) Blötlägg de 6 g gelatinbladen för pannacottan i ca 20 minuter i vatten.
f) Värm ingredienserna på medelvärme. Fortsätt röra tills sockret har lösts upp helt och stäng av värmen. Låt det absolut inte koka.

g) Tillsätt de blötlagda gelatinbladen till pannacottablandningen och lös upp gelatinet helt. Sila blandningen i koppar.
h) Täck med lock och kyl tills den stelnat i kylen.

Gör geléen:
i) Hetta upp sirapen från päronkompotten; låt det inte koka upp. Tillsätt de 2 g gelatinblad som är reserverade för geléen, som har blötlagts i vatten i förväg.
j) Häll upp i en burk och ställ i kylen tills den stelnat.
k) Lägg päronkompotten ovanpå pannacottan. Lägg geléen ovanpå till slut.
l) Päronkompotten är jättegod på egen hand såklart.

CHOKLAD, SMÖRSKOLA OCH KARAMELL

40. Pannacotta med kolasås

Gör: 6 portioner

INGREDIENSER:

- 1 kopp socker
- 1 kopp vatten; eller mer
- 1 kopp vatten
- 2 matskedar vatten
- 4 teskedar gelatin utan smak
- 5 dl vispgrädde
- 1 kopp mjölk
- 1 kopp pulveriserat socker
- 1 vaniljstång; delas på längden

INSTRUKTIONER:

FÖR SÅS:

a) Kombinera 1 dl socker och ½ dl vatten i en tjock medelstor kastrull på låg värme. Rör om tills sockret löst sig. Öka värmen och koka utan att röra om tills sirapen blir bärnsten, snurra då och då pannan och borsta ner sidorna med våt konditorivaror, cirka 8 minuter. Ta bort pannan från värmen.

b) Tillsätt försiktigt ½ dl vatten. Återställ pannan till värmen och låt koka upp under omrörning för att lösa upp eventuella karamellbitar, cirka 2 minuter.

c) Häftigt.

FÖR PUDDING:

d) Häll 2 matskedar vatten i en liten skål. Strö över gelatin. Låt stå tills det mjuknat, ca 10 minuter. Blanda grädde, mjölk och socker i en stor kastrull. Skrapa i frön från vaniljstång; tillsätt bönor.

e) Koka upp, rör om ofta. Avlägsna från värme. Tillsätt gelatinblandningen och rör om så att den löses upp. Ta bort vaniljstången. Överför blandningen till skålen. Placera skålen över en större skål med isvatten. Låt stå bara tills det svalnat, rör om då och då, ca 30 minuter. Dela pudding lika mellan sex 10-ounce vaniljsåsmuggar. Täck över och kyl över natten.

f) Forma upp puddingar på tallrikar. Ringla över kolasås och servera.

41. Choklad Panna Cotta

Gör: 5 portioner

INGREDIENSER:
- 500 ml tung grädde
- 10 g gelatin
- 70 g svart choklad
- 2 matskedar yoghurt
- 3 matskedar socker
- en nypa salt

INSTRUKTIONER:
a) Blötlägg gelatin i en liten mängd grädde.
b) I en liten kastrull, häll den återstående grädden. Koka upp sockret och yoghurten, rör om då och då, men koka inte. Ta kastrullen från värmen.
c) Rör ner chokladen och gelatinet tills de är helt lösta.
d) Fyll formarna med smeten och låt stå kallt i 2-3 timmar.
e) För att frigöra pannacottan från formen, kör den under varmt vatten i några sekunder innan du tar bort desserten.
f) Dekorera efter eget tycke och servera!

42. Äggfri Choklad Panna Cotta utan grädde

INGREDIENSER:

- 80 g socker
- 800 ml mjölk
- 100 g mjölkchoklad (valfritt)
- 1/4 kopp kakaopulver
- 1/4 tsk salt
- 12 g gelatinplattor/1½ tsk gelatinpulver

INSTRUKTIONER:

a) Tillsätt mjölk, kakaopulver, socker, choklad och salt i en kastrull på låg-medelvärme
b) Och koka tills det kokar.
c) Blomma ditt gelatin och tillsätt det till din blandning. +
d) (blandningen ska vara varm)
e) Rör om ordentligt tills det blir glansigt och lägg dem i ett serveringsfat.
f) Kyl i 6 - 24 timmar tills den stelnat.
g) Servera kall.

43. Ferrero Rocher Panna Cotta

INGREDIENSER:
FÖR LAGER 1
- 2 dl mjölk
- 1/8 kopp kakaopulver
- 1/2 kopp strösocker
- 3 tsk Nutella
- 30 gram mörk choklad, hackad
- 1/2 tsk agar agar
- 2 dl mjölk

FÖR LAGER 2
- 1/2 kopp strösocker
- 1/4 kopp kakaopulver
- 5 tsk Nutella
- 60 gram mörk choklad, hackad
- 1/2 tsk agar agar
- 6 hasselnötter karamelliserade
- 3 ferrero rochers, skär i halvor

INSTRUKTIONER:
a) För det första lagret, i en panna, vispa mjölk med kakaopulver, socker, Nutella och agar agar.
b) Koka upp blandningen under ständig vispning. När det börjar koka, låt sjuda i 2 minuter och tillsätt den mörka chokladen. Koka tills den smält helt.
c) Ta sedan av gasen och häll den i smorda silikonformar.
d) De kommer att fyllas halvvägs. Kyl den i 10 minuter.
e) Under tiden upprepar du samma process för det andra lagret. Häll den andra blandningen över det första lagret och låt stelna i 6-8 timmar i kylen.
f) När den har stelnat helt, vänd på formarna för att få en slät pannacotta. Garnera den med karamelliserade hasselnötter och hackad Ferrero Rocher.
g) Njut av din mörka choklad Ferrero Rocher Panna Cotta.

44. Butterscotch Pannacotta i kextårta

INGREDIENSER:
FÖR KEXTÄRTA
- 2 paket Malmkex
- 10 Mariekex
- 4 msk smör
- Smörkolassås och knäck
- 1/2 kopp hackade blandade nötter
- 3 msk smör
- 1 msk färsk grädde

FÖR ROSOGOLLA PANNACOTA
- 6 medelstora rosogolla
- 300 g färsk grädde
- 2 msk kondenserad mjölk
- Vid behov Gelatin
- 1 msk smörkolasås

INSTRUKTIONER:
a) Först till kextårtan. Ta Oreokex och Mariekex och mal det separat i en mixer. Tillsätt sedan smör till den. Blanda det väl. Lägg den sedan i en form. Och låt stelna i kylen.
b) För smörkexet krossa de blandade nötterna.
c) Tillsätt socker i en kastrull. Strö över lite vatten när den blivit karamelliserad. Tillsätt nötterna. Tillsätt sedan smör.
d) Bred sedan ut blandningen på en tallrik och låt den svalna. Sedan är det bara att ta ut den och lägga den i en folie eller plastpåse och krossa den. Håll det åt sidan
e) Nu till Pannacottan. Tillsätt färsk grädde i pannan. Fortsätt röra. När det kommer att koka tillsätt 1 tsk smörkolasås.
f) Tillsätt sedan lite kondenserad mjölk. Blanda det väl. Tillsätt nu gelatinet. Stäng av lågan. Tillsätt nu smörkexen blanda det väl. Behåll lite till garnering.
g) Lägg nu först blandningen i en skål och sedan hälften av rosogollan. Placera sedan igen blandningen och sedan igen, rosogolla. Garnera resten av smörkexen. Låt stelna i kylen
h) För servering. Ta kextårtan och lägg sedan en del av Pannacottan på den.

45. Italiensk Panna Cotta med Lindt mörk choklad

INGREDIENSER:
- 2 msk kallt vatten
- 1 msk agar-agarpulver
- 2 koppar tung grädde
- 1/4 kopp socker
- 1 tsk vaniljessens
- efter behov maleat Lindt mörk choklad
- efter behov frukter för garnering

INSTRUKTIONER:
a) Häll vatten i en liten skål och agar agar och låt gelatinet blomma i 5-7 minuter.
b) Värm grädde, socker, vaniljessens på medelhög värme i en medelstor panna och låt koka upp tills sockret löst sig. Rör ner gelatin och vispa omedelbart tills det är slätt och löst.
c) Om gelatinet inte har löst sig helt, sätt tillbaka kastrullen till spisen och värm försiktigt på låg värme. Rör hela tiden och låt inte blandningen koka.
d) Häll grädde i 3 individuella serveringsfat. Ställ i kylen i minst 2-4 timmar, eller tills den är helt stel.
e) Garnera den med topp med maleat Lindt mörk choklad, kiwitärningar och körsbär.

46. Vit choklad Pannacotta

INGREDIENSER:
- 3 dl extra tjock grädde
- 1 kopp helmjölk
- 250 gram vit choklad
- 4 tsk. agar agar
- 1 tsk vaniljextrakt

INSTRUKTIONER:
a) Hacka chokladen grovt och lägg den i en skål och håll den åt sidan till senare.
b) Blanda resten av ingredienserna i en kastrull och låt koka upp på medelhög värme, rör om då och då.
c) När blandningen har kokat, ta bort kastrullen från värmen. Tillsätt den grovt hackade chokladen i blandningen och rör tills chokladen löst sig.
d) Häll blandningen i formar eller ramekins och ställ dem i kylen i minst 4 timmar för att stelna.
e) Forma upp och servera med en fruktkompott och valfri frukt.

47. Vit choklad pannacotta med blåbärssås

INGREDIENSER:

- 100 ml mjölk
- 300 ml Kraftig vispgrädde
- 100 g vit choklad
- 70 g ricinsocker
- 3 tsk Power gelatin
- 1 kopp BLÅBÄR
- 2 msk strösocker
- 1 tsk vanilj essens

INSTRUKTIONER:

a) Värm mjölk i en panna.
b) Tillsätt gelatin i den.
c) Rör hela tiden tills gelatinet är helt blandat.
d) Tillsätt nu grädden och sluta koka när bubblan börjar.
e) Tillsätt vit choklad och vanilj.
f) När chokladblandningen är helt smält, sikta hela blandningen för att få en jämn blandning.
g) Häll dem i muffinsformar och ställ i kylen i 1 timme.
h) Värm under tiden blåbär, strösocker i en panna och gör en såsliknande konsistens.
i) Forma pannan, Cotta.
j) Häll såsen över pannacottan.
k) Njut av hjärtformad pannacotta med din älskade.

48. Pannacotta med smörkolasås

Gör: 4 portioner
INGREDIENSER:
Till pudding
- 1 kopp helmjölk
- 1 kopp färsk grädde (35 % mjölkfett)
- 1/3 kopp socker
- 2 tsk gelatinpulver
- 2-3 droppar vaniljessens
- 1 nypa salt

Till sås
- 1/2 kopp socker
- 2 msk smör
- 2 matskedar varmt vatten
- 1/2 kopp färsk grädde (35 % mjölkfett)
- 1/4 tsk vanilj essens
- 1 nypa salt
- Att tjäna
- 1/4 kopp cashewnötter, rostade

INSTRUKTIONER:
FÖR PUDDING -
a) Häll mjölk, färsk grädde, socker och vaniljessens i en kastrull. Värm blandningen på låg värme tills den är varm. Strö gelatinet över blandningen och rör tills gelatinet har löst sig. Låt inte blandningen koka.
b) Tillsätt salt och blanda väl. Sila av blandningen och häll upp i individuella skålar, låt svalna. Ställ i kylen i cirka 4 timmar eller över natten.

FÖR SÅS -
c) Blanda socker och lite vatten i en kastrull. När sockret smält och blir ljust brunt tillsätt smör och vispa. Tillsätt 2 msk varmt vatten och vispa tills det är slätt.
d) Tillsätt färsk grädde och vispa igen i några sekunder tills såsen tjocknar något. Ta av från värmen, tillsätt vaniljsaft och salt. Förvara i rumstemperatur.

ATT TJÄNA,
e) häll såsen över puddingen och garnera med cashewnötter.

KAFFE OCH TE

49. Bubble Milk Tea Panna Cotta

Gör: 6

INGREDIENSER:
MJÖLKTE PANNA COTTA
- 3 msk vatten
- 1 paket gelatin (0,25 oz) 8 g eller 4 guldgelatinplattor
- 15 g svarta teblad Jag använder en kombination av Ceylon OP och **ASSAM TEA**
- 1 ½ dl helmjölk
- ⅓ kopp socker vitt eller farinsocker
- Generös nypa salt
- 1 tsk vanilj
- 1 ½ dl vispgrädde 35% fett

BRUN SOCKER BOBA PÄRLOR
- ¾ dl farinsocker 150 g farinsocker
- 3 msk vatten
- Nypa salt
- ½ kopp boba pärlor Du kan använda quick cook, eller vanliga, eller hemgjorda boba pärlor

INSTRUKTIONER:
MJÖLKTE PANNA COTTA
a) Häll vattnet i en skål och strö gelatinet över ytan. Blanda med en tandpetare för att mätta gelatinet i vattnet. Låt stå i minst 10 minuter för att ge gelatinet.
b) Lägg mjölken i en kastrull. Värm mjölken på medelvärme, med locket på.
c) När mjölken kokar upp, stäng omedelbart av värmen och tillsätt tebladen.
d) Rör ner tebladen i mjölken. Täck kastrullen och låt teet dra i 10 - 15 minuter.
e) Sila av mjölken i en måttkanna för att separera tebladen. Tryck försiktigt på tebladen för att extrahera lite mer av mjölken.
f) Tvätta kastrullen och tillsätt mjölken tillbaka i den. Tillsätt socker, blommat gelatin, salt och vanilj.
g) Värm blandningen på medelvärme under omrörning för att lösa upp sockret och gelatinet. Värm ENDAST blandningen tills sockret och gelatinet är upplöst. Låt INTE blandningen koka upp.
h) När sockret och gelatinet är upplöst tar du kastrullen från värmen.
i) Rör ner vispgrädden och överför sedan mjölken till en stor kanna.
j) Förbered serveringsfat med kapacitet på 6 x ½ kopp. Om du vill ta bort pannacottan, välj metall- eller silikonformar med tunna väggar. Smörj sidorna av dessa rätter med ett mycket tunt lager fett. (Om du inte formar och bara serverar pannacottan i rätterna, behöver du inte smörja sidorna av dessa rätter).
k) Fördela pannacottablandningen mellan de sex rätterna.
l) Låt blandningen komma till rumstemperatur. Täck varje form med plastfolie och lägg dem på en bricka. För över denna bricka i kylen och låt pannacottan stelna över natten.

BRUN SOCKER BOBA PÄRLOR
m) Börja koka boba-pärlorna enligt anvisningarna på förpackningen.

n) Dessa hemgjorda boba-pärlor kommer att ta längre tid att tillaga, så du måste koka dem INNAN du gör sirapen.
o) Häll socker, salt och vatten i en kastrull. Värm på medelhög värme under omrörning för att smälta sockret.
p) Sänk värmen till medel och fortsätt att koka sockerlagen. Koka sockerlagen tills den blir tjock och sirapslik (sirapen blir mindre tjock när du lägger till boba-pärlorna). Avsätta.
q) Lägg de kokta boba-pärlorna i kallt vatten och häll sedan av vattnet. Överför boba-pärlorna i farinsockersirapen och rör om för att täcka. Låt svalna tills boba-pärlorna är bara lite varma.

UPPSTÄLLNING AV PANNA COTTA

r) Ha en skål med varmt vatten redo. Sänk ner pannacottaformen i vattnet.
s) Vrid försiktigt formen i vattnet i några sekunder.
t) Vänd formen över ett serveringsfat och skaka den lite. Detta ska sakta släppa pannacottan från formen. Om den inte gör det, sätt tillbaka den i varmvattenskålen i några sekunder till.
u) Skeda några bruna socker boba-pärlor över mjölktepannacottan. Om du vill att pannacottan ska vara sötare, ös upp lite av farinsockersirapen också.

50. Kaffe Panna Cotta med Kahlúa

INGREDIENSER:
- 2 tsk gelatinpulver
- 2 matskedar vatten
- 1/2 kopp starkt kaffe
- 1/2 kopp mjölk
- 1/4 kopp strösocker
- 1 kopp förtjockad grädde
- 1 tsk vaniljextrakt
- Kahlúa

INSTRUKTIONER:
a) Strö gelatinpulver i vatten i en liten skål och blöt i 5-10 minuter.
b) Häll starkt kaffe, mjölk, socker och vanilj i en kastrull och värm på medelvärme under omrörning och låt koka upp.
c) Ta bort från värmen.
d) Tillsätt blötlagt gelatin, blanda väl tills gelatinet löser sig, tillsätt sedan grädde och blanda ihop.
e) Häll upp blandningen i serveringsglasen. Ställ dem i kylen och låt stelna.
f) Servera med Kahlúa ELLER Kaffesirap. Kaffesirap kan enkelt göras genom att blanda ingredienserna i en kastrull och koka i några minuter. Kyl helt innan användning.

51. Mocka Panna Cotta

INGREDIENSER:
- 400 ml vatten
- 800 ml singelkräm
- 200 ml socker
- 2 tsk varm chokladpulver
- 2 tsk kaffe
- Gelatin
- Kaffelikör
- Vanilj extrakt

INSTRUKTIONER:

a) Blötlägg gelatinbladen i vatten i 10 min. Koka upp 200 ml vattnet och tillsätt två skedar kaffe och 100 ml socker eller mer (upp till din smak), stäng av elden och tillsätt långsamt 400 ml singelkräm eftersom du inte slutar röra ordentligt.

b) Tillsätt lite vanilj och hälften av det blötlagda gelatinbladet. Se till att vätskan är väl blandad och häll den i en kopp eller ett glas vad du tycker om. Låt stå i kylen i 2 timmar.

c) Gör sedan samma sak men istället för kaffe, tillsätt varm choklad i vattnet. När kaffelagret är tillräckligt kallt lägg på chokladen och låt stå i 2-3 timmar till.

d) Du behöver två separata klara lager, en kaffe och en varm choklad.

e) Lägg på kaffelikören och njut av den kalla mockasmaken.

52. Espresso pannacotta

Gör: 4 portioner

INGREDIENSER:
- 2 koppar tung grädde
- ¼ kopp tung grädde; kyld
- ¼ kopp färska espressobönor; grovmalen
- 1 vaniljstång; delas på längden
- 1 msk gelatin utan smak
- ½ kopp socker

INSTRUKTIONER:
a) Lägg 2 koppar av grädden och espressobönorna i en medelstor kastrull.
b) Skrapa vaniljstången och tillsätt frön och hela bönor i gräddblandningen och låt koka upp. Ta av från värmen, täck över och låt blandningen dra i 30 minuter.
c) Ta bort vaniljstången och sila blandningen genom en fin sil till en ren kastrull och låt sjuda upp.
d) Strö gelatinet över den återstående ¼ koppen kyld grädde och låt stå i 5 minuter. Låt espressokrädden sjuda tillbaka.
e) Vispa i det upplösta gelatinet och sockret till en slät smet. Häll blandningen i fyra ½ kopp ramekins.
f) Kyl tills den stelnat, minst 2 timmar.

53. Italiensk kaffe pannacotta dessert

Gör: 2 portioner

INGREDIENSER:
- 1 1/2 kopp tung grädde
- 1/2 kopp socker
- 1/4 kopp varmt vatten
- 2 tsk snabbkaffepulver
- 2 tsk gelatin
- efter behov Chokladsirap
- 1/4 tsk vanilj essens

INSTRUKTIONER:
a) Ta 5 msk varmt vatten i en kopp tillsätt snabbkaffepulver rör om väl och håll åt sidan,
b) Ta nu 1/4 kopp varmt vatten tillsätt gelatin rör om väl tills det löser sig och håll åt sidan.
c) Nu i en kastrull ta kraftig grädde värm pannan på låg låga få det att koka, tillsätt socker, fortsätt röra tills sockret har lösts upp, fortsätt röra om 3-4 minuter till ta ut från lågan.
d) Tillsätt snabbkaffeblandningen, gelatin löst i vattnet och vaniljessens, sila blandningen och häll i skålformen, låt den svalna något, täck den med plastfolie och låt den stå i kylen i 4 timmar.
e) Ringla långsamt chokladsirap över formen och servera kyld.

54. Te Panna Cotta

INGREDIENSER:
- 2-3 tepåsar
- 1 tsk. ingefära, riven
- 2-3 kardemummor, blåmärken
- 500 ml. helfet mjölk
- 1 kopp varmt vatten
- 1 1/2 msk. agar agar pulver
- 1/2 kopp strösocker eller efter smak
- 1/4 tsk. kanelpulver
- 1/2 tsk. vaniljessens
- hackad torr frukt till garnering

INSTRUKTIONER:
a) Häll varmt vatten över tepåsarna, ingefäran och kardemumman. Ställ åt sidan i 30 minuter för att brygga.
b) Sila och håll vätskan åt sidan.
c) Koka upp mjölken. Tillsätt socker & kanelpulver. Rör om kontinuerligt. Tillsätt vaniljessensen och ställ åt sidan för att svalna.
d) Blanda agar agar i det återstående varma vattnet. Tillsätt till den avsvalnade mjölken, blanda väl och häll upp i individuella glas. Kyl för att stelna.
e) Garnera med hackade nötter och servera.

FLÄNGS PANNA COTTA

55. Spannmål mjölk pannacotta

Gör: 4

INGREDIENSER:
- 1½ gelatinblad
- 1¼ koppar spannmålsmjölk
- 25 g ljust farinsocker
- 1 tesked espressopulver
- 1 nypa koshersalt

INSTRUKTIONER:
a) Värm lite av flingmjölken och vispa i gelatinet så att det löser sig.
b) Vispa i resterande flingmjölk, farinsocker, espressopulver och salt tills allt är upplöst, var noga med att inte blanda in för mycket luft i blandningen.
c) Sätt 4 små glas på en plan, transportabel yta.
d) Häll flingmjölksblandningen i glasen, fyll dem lika mycket.
e) Överför till kylen för att stelna i minst 3 timmar, eller över natten.

56. Spannmål Panna Cotta

INGREDIENSER:
- 250 g Tung vispgrädde
- 250 g helmjölk
- Valfritt spannmål, 50 g + mer för garnering
- 75 g Demerara socker
- 5 g gelatinplattor

INSTRUKTIONER:
a) Tillsätt grädde och mjölk i en stor skål. Rör om för att blanda väl. Lägg till valfria flingor.
b) Ställ åt sidan i 30 minuter för att låta spannmålen infunderas med grädd-mjölkblandningen. Passera blandningen genom en fin sil över en såsgryta. Använd baksidan av en sked och krama ur så mycket vätska du kan. Men överdriv inte.
c) Du kan välja att äta de blöta flingorna eller kassera. Tillsätt socker. Vrid upp värmen till medel. Rör om för att lösa upp sockret och koka upp gräddmjölksblandningen.
d) Medan det händer, blomma gelatinblad i en skål med vatten. När grädd-mjölkblandningen kokar, ta bort från värmen.
e) Krama ur överflödigt vatten ur det blommade gelatinet och tillsätt i grädd-mjölkblandningen. Rör om för att lösa upp gelatinet.
f) Passera grädde-mjölkblandningen genom en fin sil över ramekinerna. Kassera eventuella rester. Kyl pannacottan i kylen minst 6 till 8 timmar. eller helst över natten.
g) Precis när du ska servera, tillsätt varmt vatten i en grund skål.
h) Låt pannacottan stå i varmvattenbadet i ca 45 sek till 1 min. Så fort pannacottan kan börja vingla, ta bort från vattenbadet.
i) Låt den inte ligga i varmvattenbadet för länge, annars smälter pannacottan.
j) Vänd försiktigt och forma upp på ett serveringsfat.
k) Garnera med några krossade flingor. Servera omedelbart.

57. Ris Pannacotta

INGREDIENSER:
- 1 kopp kokt ris
- 2 matskedar socker
- 2 matskedar ghee
- 2 msk mjölkpulver

INSTRUKTIONER:

a) Tillsätt ris och socker i en mixerburk och mal det. Tillsätt sedan mjölkpulver och risblandning med ghee i en skål och fräs väl. När blandningen lämnar ghee, ta bort från gasen och häll i en form.

b) Ställ in den i frysen i 20-30 minuter. Ris Pannacotta är redo att serveras.

KASTIG PANNA COTTA

58. Mascarpone pannacotta

Gör: 6 portioner

INGREDIENSER:

- 12 oz frysta blandade bär, tinade och avrunna
- 3 matskedar socker
- Grönsaksspray för matlagning
- 1 msk mjölk
- 1¼ teskedar gelatin utan smak
- 1 ¼ kopp vispgrädde
- ⅓ kopp mjölk
- 1 msk vanilj
- ¼ kopp socker
- ¼ kopp mascarponeost
- ¼ kopp gräddfil

INSTRUKTIONER:

a) Lägg blandade bär i en liten skål och krossa lätt med baksidan av sked.
b) Rör ner 3 msk socker. Täck med plastfolie och ställ åt sidan.
c) Spraya fyra ¾ koppar ramekins med matlagningsspray.
d) I en liten skål, häll 1 matsked mjölk.
e) Strö gelatin över och låt det mjukna, ca 10 minuter.
f) Blanda under tiden grädde, ⅓ kopp mjölk, vanilj och ¼ kopp socker i en kastrull.
g) Koka upp på medelhög värme, rör ofta.
h) Ta bort från värmen, tillsätt gelatinblandningen och rör om tills den smält. Låt blandningen svalna. I en medelstor skål, vispa ihop mascarponeost och gräddfil tills den är slät.
i) Tillsätt långsamt den varma gräddblandningen i skålen under konstant vispning.
j) Häll blandningen i förberedda ramekins.
k) Kyl tills kallt och stelna.
l) Kör en liten kniv runt kanten på ramekins för att lossa pannacottan.
m) Vänd upp ramekin på en tallrik. Sked bärsås över pannacottan. Tjäna.

59. Kärnmjölksgetost Pannacotta med fikon

Gör: 6-8 portioner

INGREDIENSER:
PANNACOTTA:
- 2 koppar tung grädde
- 2/3 kopp socker
- ¼ tsk kosher salt
- 1 kopp kärnmjölk
- 2 tsk vanligt pulveriserat gelatin
- ¼ tsk finrivet apelsinskal
- 4 oz krämig, färsk getost, mjukad i rumstemperatur

NÖTTER:
- ½ kopp pistagenötter
- 2 tsk osaltat smör, smält
- Kosher salt

ANDRA TOPPINGS:
- Apelsinblomshonung
- Färska fikon, skurna i klyftor

INSTRUKTIONER
a) Värm gräddbotten: Tillsätt grädde, socker och salt i en kastrull. Låt sjuda på medelvärme, rör om då och då.
b) Bloom gelatin: Placera kärnmjölk i en kopp. Strö gelatin över toppen. Låt blomma i 5-10 minuter medan grädden kokar upp.
c) Blanda pannacottabotten: När grädden kokar upp, sänk värmen och vispa i kärnmjölk/gelatinblandningen. Rör ner apelsinskal. Vispa tills gelatinet lösts upp. Lägg mjuk getost i en skål. Vispa gräddblandningen till getost, en slev i taget, tills den är helt blandad.
d) Sila och häll: Sila pannacottabasen genom en sil till ett stort vätskemått. Häll blandningen i önskade glas eller ramekins. Detta räcker till 6-8 portioner. Kyl vid rumstemperatur. Ställ in i kylen för att svalna och ställ in helt i flera timmar eller helst över natten.

e) Rosta pistagenötter: Medan pannacottan sätter sig, rosta pistagenötterna. Värm ugnen till 350°F. Lägg nötterna på en bakplåtspappersklädd plåt. Ringla över smält smör och smaka av med salt. Kasta. Grädda ca 8-10 minuter eller tills de är gyllenbruna. Kyl i rumstemperatur och förvara i en lufttät behållare.

f) Servera: Till servering, toppa pannacottas med fikon och nötter och ringla över honung. Njut av.

60. Tiramisu Panna Cotta

Gör: 6 portioner

INGREDIENSER:
FÖR PANNA COTTA
- 1 kopp mjölk, uppdelad
- 1 kopp tung vispgrädde
- 1/4 kopp mascarponeost
- 1,5 msk snabbkaffepulver
- 2 msk Kahlualikör eller kaffelikör
- 1/3 kopp + 2 msk farinsocker eller vanligt socker
- 1,5 tsk agar-agarpulver eller vegetabiliskt gelatin utan smak
- 1 msk kakaopulver för att pudra

KAFFESIRAP
- 1/2 kopp starkt bryggkaffe
- 1/2 kopp farinsocker eller vanligt socker
- 2 tsk vanilj essens

INSTRUKTIONER
a) Blanda kaffepulver och farinsocker i en kastrull.
b) Tillsätt 1 tsk vatten och värm tills sockret är helt upplöst.
c) Ta den från lågan och häll i Kahlua-likör. Vispa den väl och ställ den åt sidan.
d) Strö agar-agarpulver i 1/2 kopp mjölk. Låt den blomma i 5 minuter.
e) Blanda under tiden den återstående 1/2 dl mjölk med mascarponeost och grädde i en kastrull.
f) Vispa den väl. Blandningen ska vara klumpfri.
g) Häll i agar-agar +mjölkblandningen till denna blandning. Vispa den väl.
h) Koka på låg värme tills agar-agar är helt upplöst och blandningen är nära att koka.
i) Låt det inte koka upp.
j) Häll i socker+kaffeblandningen. Fortsätt röra.
k) När blandningen täcker baksidan av din sked, ta bort den från lågan. Överkok inte.

l) Blandningen kommer att tjockna mer efter kylning.
m) Konsistens av Pannacotta före kylning.
n) Smörj ramekinskålar med smör. Häll pannacottan i ramekins eller valfri glasskål och låt stelna i 1-3 timmar. Med agar-agar stelnar pannacottan snabbare. Täck ramekins med en plastfolie för att förhindra att ett skinn bildas på toppen.
o) Vackert inställd tiramisu Panna Cotta.
p) Strax före servering - 1. Kör försiktigt en kniv längs ramekinerna för att lossa pannacottan. 2. och lägg ramekinen i varmt vatten för att vända ut pannacottan ur skålen.
q) Forma upp ramekin på ett serveringsfat. Pannacottan ska vicka ut ur ramekinerna.

61. Blåmögelost pannacotta med päron

Gör: 8 portioner

INGREDIENSER:
- Olivolja, att smörja
- 1 1/2 dl mjölk
- 1 1/2 dl tunn grädde
- 1/3 kopp strösocker
- 1 vaniljstång, delad
- 80 g ädelost, finhackad
- 2 msk kokande vatten
- 3 tsk pulveriserat gelatin
- 2 mogna päron, halverade, urkärnade, tunt skivade på längden, att servera

INSTRUKTIONER
a) Borsta åtta 125 ml (1/2 kopp) darioleformar av metall eller plast med olja för att smörja lätt. Lägg på en bricka. Blanda mjölk, grädde, socker och vaniljstång i en kastrull på medelvärme. Koka, rör om då och då, i 10 minuter eller tills sockret lösts upp. Avlägsna från värme.
b) Tillsätt ädelost och rör om tills osten smält. Sila blandningen genom en fin sil i en stor värmesäker glasskål.
c) Häll vatten i en liten värmesäker skål. Strö över gelatin och vispa med en gaffel för att få bort eventuella klumpar. Ställ åt sidan i 3 minuter eller tills gelatinet löst sig och blandningen är klar.
d) Vispa gradvis ner gelatinet i gräddblandningen tills det är väl blandat. Skänk blandningen jämnt mellan förberedda formar. Täck med plastfolie och ställ i kylen i 6 timmar för att stelna.
e) Doppa formar, 1 åt gången, i hett vatten i 1-2 sekunder och vänd sedan upp på serveringsfat. Servera med päronskivor.

62. Krämig gräddost Pannacotta

Gör: 6 portioner

INGREDIENSER:
- 100 gram färskost
- 100 ml Kraftig kräm
- 300 ml mjölk
- 50 gram strösocker
- 1 msk citronsaft
- 1 vaniljextrakt
- 2 msk vatten (för gelatin)
- 5 gram gelatinpulver
- 60 gram strösocker (till kolan)

INSTRUKTIONER:
a) Gör kolasåsen Dela upp strösockret som används till kolan i 4 delar.
b) Tillsätt 1/4 av strösockret i en kastrull, värm och blanda tills det blir brunt.
c) Lägg till nästa fjärde, och så snart det blir brunt lägg till nästa. Fortsätt tills du har tillsatt allt socker. När det börjar bubbla, stoppa värmen.
d) Häll i ramekins medan de fortfarande är varma.
e) Lös upp gelatinet i vatten och ställ åt sidan.
f) Blanda färskost och strösocker och blanda till en kräm.
g) Tillsätt citronsaft.
h) Tillsätt hälften av mjölken i en kastrull och värm till precis innan kokning. Tillsätt gelatinet och lös upp.
i) Tillsätt blandningen från till lite i taget, tillsätt sedan resterande mjölk, tung grädde och vaniljextrakt. Blanda ihop.
j) Häll blandningen från i ramekins. Ställ in i kylen för att svalna. När den stelnat är den klar!

NÖTLIG PANNA COTTA

63. Mandelpannacotta med mockasås

Gör: 6

INGREDIENSER:
- 1 kopp hel blancherad mandel, rostad
- ⅔ kopp socker
- 1 kuvert smaklös gelatin
- 2 dl vispgrädde
- ½ kopp mjölk
- ⅛ tesked salt
- Skivad mandel, rostad

MOKA-SÅS
- 4 uns hackad bittersöt eller halvsöt choklad
- ⅔ kopp vispgrädde
- ¼ kopp socker
- 1 tsk instant espressokaffepulver

INSTRUKTIONER
a) Lägg hela mandlar i en matberedare. Täck och bearbeta för att göra ett slätt smör; avsätta.
b) I en medelstor kastrull blanda ihop socker och gelatin. Tillsätt grädde. Koka och rör om på medelvärme tills gelatinet lösts upp. Avlägsna från värme. Rör ner mandelsmör, mjölk och salt. Häll i sex 6-ounce individuella formar, ramekins eller vaniljsåsmuggar. Täck och kyl i 6 till 24 timmar eller tills den stelnat.
c) Använd en kniv, lossa pannacottan från skålens sidor och vänd upp på sex desserttallrikar. Skeda eller ringla lite av mockasåsen runt pannacottan. Servera med resterande sås och, om så önskas, garnera med skivad mandel.

MOKA-SÅS
d) Koka i en liten kastrull och rör om hackad bittersöt eller halvsöt choklad på låg värme tills den smält. Rör ner vispgrädde, socker och instant espressokaffepulver eller snabbkaffekristaller.
e) Koka och rör om på medelhög värme i cirka 3 minuter eller bara tills det bubblar runt kanten. Servera varm.

64. Cappuccino Panna Cotta med hasselnötssirap

Gör: 6 portioner

INGREDIENSER:

FÖR PANNA COTTA:
- 3 blad gelatin
- 450ml enkel kräm
- 100g florsocker
- 3 tsk snabbkaffegranulat
- 1 tsk vaniljextrakt
- 300 ml naturell yoghurt
- ett litet block mörk choklad, för rakning

FÖR SIRAPEN:
- 75 g strösocker
- 3 msk Frangelicolikör
- 3 msk hackade rostade hasselnötter

INSTRUKTIONER

a) Blötlägg gelatinbladen i kallt vatten i 5 minuter.
b) Häll grädden i en kastrull på medelvärme och rör ner socker, kaffegranulat och vaniljextrakt tills kaffet har löst sig helt.
c) Koka försiktigt upp, rör om då och då. Ta av från värmen och rör ner gelatinet tills det har löst sig.
d) Låt svalna i 5 minuter innan du rör ner yoghurten tills den är slät, använd eventuellt en visp.
e) Häll i de smorda formarna och ställ in i kylen i ca 2 timmar eller över natten om du kan.
f) För att göra hasselnötssirap, lägg strösocker, Frangelico och 50 ml vatten i en kastrull på medelhög värme. Rör om tills sockret har löst sig och låt koka upp. Låt koka i ca 3 minuter tills det blir lite sirapsliknande, svalna sedan.
g) Vänd ut de ställda pannacottorna på tallrikar. Om de inte kommer ut så lätt, skjut ner en vass kniv på sidan för att bryta luftförseglingen eller doppa formarna i varmt vatten.
h) Rör ner hasselnötterna i sirapen och skeda sedan över toppen av pannacottan. Avsluta med att strö dem med spån av choklad.

65. Pistasch Panna Cotta

Gör: 4

INGREDIENSER:
- 1 burk kokosmjölk
- 3 msk socker
- 3/4 tsk agar-agar
- 1 msk kallt vatten
- 1/4 kopp pistagesmör
- 1/2 tsk apelsinblomvatten

INSTRUKTIONER

a) Lägg en matsked kallt vatten i en liten skål och strö sedan agar-agar i ett lager över toppen. Låt det sitta i några minuter medan du slutför nästa steg.
b) I en medelstor kastrull, lägg kokosmjölken, sockret och pistagesmöret. Vispa ihop och värm tills allt smält och ångat, men låt inte koka.
c) Häll ett par matskedar av den varma kokosmjölken i skålen med agar-agar och rör om väl. Tillsätt det långsamt tillbaka i grytan, vispa hela tiden. Värm i ytterligare 5 minuter, tills mjölken ångar, men låt den inte koka. Vispa i apelsinblommvattnet på slutet.
d) Dela mellan 4 ramekins. Kyl tills den stelnat.
e) För att ta bort formen, ta ut den från kylen och placera ramekinen i ett varmt vattenbad i några minuter. Kör en offset spatel eller en smörkniv runt kanterna på pannacottan. Lägg en tallrik ovanpå pannacottan och vänd upp och ner. Den ska glida ut på tallriken. Garnera med blomblad och ytterligare pistagenötter.

66. Rostad Rabarber och Pistage Panna Cotta

INGREDIENSER:
- 1/2 pund tunna rabarberstjälkar
- 1/2 kopp strösocker
- saft av 1/2 citron
- 1 vaniljstång, delad
- 1/2 kopp hackade pistagenötter, att servera

INSTRUKTIONER
a) Värm ugnen till 375ºF.
b) Skiva rabarbern i 2-3 tums längder. Häll den i en ugnsform med socker, citronsaft och vaniljstång. Rosta tills det är mjukt och saftigt men inte faller isär, ca 15-20 minuter.
c) Låt svalna innan servering.

67. Kokosmjölk och nötpannacotta

Gör: 10 portioner

INGREDIENSER:
- 500 ml kokosmjölk
- 1/2 kopp socker
- 1 tsk vanilj essens
- 2-3 tsk Agar-agarflingor eller pulver
- 1/4 kopp cashewnötter extra hackade för topping

INSTRUKTIONER:
a) Först av allt, tillsätt agar-agar-strängar till ungefär en halv kopp vatten. Låt det dra i 2-3 minuter. Koka den sedan på låg värme tills den lösts upp, rör om med jämna mellanrum.
b) Koka upp kokosmjölken på låg värme i en annan kastrull. Tillsätt socker och fortsätt rör om så att det inte bränns i botten.

c) När agar-agar smält helt och blir en homogen lösning, ta den av värmen och tillsätt den i pannan med mjölken. Blanda väl och tillsätt de hackade cashewnötterna. Häll den nu i en glasform eller en ugnsform.
d) Toppa med lite mer cashewnötter och låt stelna i kylen i ca 3-4 timmar. Täck den med plastfolie innan den ställs i kylen. Efter 3 timmar, skiva den och servera kyld till dina nära och kära och vänner.

KRYDIG PANNA COTTA

68. Kardemumma-Kokos Panna Cotta

INGREDIENSER :

- 1 kopp osötade kokosflingor
- 3 koppar tung grädde
- 1 kopp kärnmjölk
- 4 gröna kardemummaskidor, lätt krossade Nypa koshersalt
- 2 tsk granulerat gelatin
- 1 matsked vatten
- ⅓ kopp strösocker
- tesked rosenvatten

INSTRUKTIONER:

a) Värm ugnen till 350°. Strö ut kokosen på en plåt och sätt in i ugnen. Grädda tills de är rostade och gyllene, ca 5 minuter. Ta ut ur ugnen och ställ åt sidan.

b) Kombinera grädden, kärnmjölken, kardemumman och saltet i en medelstor kastrull på medelhög värme och låt koka upp. Ta kastrullen från värmen, tillsätt den rostade kokosen och ställ åt sidan i 1 timme. Sila blandningen genom en finmaskig sil och kassera de fasta ämnena.

c) I en medelstor skål, kombinera gelatinet och vattnet. Ställ åt sidan i 5 minuter.

d) Sätt under tiden tillbaka kastrullen på medelvärme, tillsätt sockret och koka tills sockret löst sig, ca 1 minut. Häll försiktigt den silade gräddblandningen över gelatinblandningen och vispa tills gelatinet löst sig. Vispa i rosenvattnet och dela blandningen i 8 fyra uns ramekins. Ställ in i kylen och kyl tills den är fast, minst 2 timmar upp till över natten

e) Gör de kanderade rosenbladen: Klä en plåt med bakplåtspapper. I en liten skål, kombinera socker och kardemumma. Använd en bakelseborste för att pensla båda sidorna av varje rosenblad med äggvitan och doppa försiktigt i sockret. Ställ åt sidan för att torka helt på bakplåtspapper

f) Servera pannacottan kyld och garnera varje portion med rosenblad.

69. Kanel Panna Cotta med kryddig fruktkompott

Gör: 8 portioner

FÖR PANNA COTTA:
- 2 msk päronbrännvin
- 2 tsk gelatin utan smak
- 2 ½ dl vispgrädde
- ½ kopp fast packat mörkt farinsocker
- 1/8 tsk salt
- 1 kopp gräddfil
- 1 ½ tsk rent vaniljextrakt
- 2 tsk mald kanel

FÖR KOMPOTTEN:
- 2 dl päronnektar
- ¼ kopp packat mörkt farinsocker
- skalet av 1 citron tas bort i långa strimlor
- 2 kanelstänger krossade på mitten
- ¼ tsk svartpepparkorn, knäckta
- 4 kryddnejlika
- 1/8 tsk salt
- 2 mogna men fasta medelstora päron, skurna i tärningar
- 2 medelstora äpplen i tärningar
- ¼ kopp hackade torkade aprikoser
- ¼ kopp hackade katrinplommon
- ¼ kopp hackade torkade fikon
- ¼ kopp torkade tranbär
- 2 msk päronbrännvin
- 1 msk färsk citronsaft

GÖR PANNA COTTA:
a) Häll konjaken i en liten skål, strö gelatinet över brännvinet och låt stå i ca 5 minuter för att mjukna upp gelatinet.
b) Lägg under tiden grädden, farinsockret och saltet i en tjock, medelstor kastrull. Värm på medelvärme under omrörning tills sockret är upplöst och blandningen är varm.

c) Tillsätt det uppmjukade gelatinet, vispa så att det löser sig. Vispa i gräddfil, vanilj och kanel tills det är väl blandat och slätt.
d) Slev eller överför blandningen till en stor vätskemätande kopp och häll i 8 ¾-koppar vaniljsåsmuggar, ramekins eller små formar. Täck löst med plastfolie och kyl i 4 timmar eller upp till över natten.
e) För att ta bort formen, skär runt kanterna på varje pannacotta för att lossa. Ställ varje kopp i en grund skål med varmt vatten i 10 sekunder. Vänd genast upp på en tallrik.
f) Skeda den lite varma kompotten över eller/och runt varje pannacotta och servera.
g) Om du vill kan du hoppa över avformningen och servera pannacottan direkt från ramekinerna och toppa den med kompotten.

GÖR KOMPOTTEN:
h) I en stor tjock kastrull kombinera päronnektar, socker, citronskal, kryddor och salt. Koka upp på medelvärme under omrörning tills sockret lösts upp.
i) Sänk värmen, tillsätt frukterna och låt sjuda, rör om ofta, tills päronen och äpplena är mjuka men fortfarande håller formen och de torkade frukterna är fylliga, cirka 5-8 minuter.
j) Överför de pocherade frukterna i en skål med en hålslev; se till att kryddnejlika är kvar.
k) Minska pocheringsvätskan över hög värme tills den är sirapslik och ungefär hälften av sin ursprungliga volym, i cirka 15 minuter eller så. Ta av värmen, rör ner konjak och citronsaft och sila sedan genom en fin sil rakt ner i skålen med de pocherade frukterna.
l) Rör försiktigt för att kombinera. Kyl tills den knappt är varm innan du skedar över pannacottan.
m) Eller svalna helt, täck över och kyl tills det behövs. Värm den försiktigt innan servering.

70. Kardemumma och blodapelsin Pannacotta

INGREDIENSER:
BLODORANGE OCH KARDEMUMMA PANNACOTTA:
- 1 1/2 dl mandelmjölk
- 1/2 dl kokosgrädde
- 1/2 kopp färskpressad blodapelsinjuice
- 1 kuvert gelatin
- 1/4 kopp ekologiskt rörsocker
- 2 msk honung
- 1 tsk kardemummapulver
- 1 tsk vaniljstångspasta eller 1 tsk vaniljstångsextrakt

BLODAPELSINKEL:
- 1 1/2 koppar + 1/2 kopp blodapelsinjuice, uppdelat
- 2 kuvert gelatin
- 1 tsk blodapelsinskal
- 1/3 kopp ekologiskt rörsocker
- 1/4 tsk salt

ROSTAD quinoasmula:
- 1/2 kopp quinoa
- 3 msk lönnsirap eller honung
- 1 msk kokosolja
- 1/4 tsk salt
- 1/4 tsk kardemummapulver
- 2 msk frystorkade hallon
- 2 msk rostade pistagenötter grovt hackade

GARNERING:
- 2 skivor blodapelsin halverade

INSTRUKTIONER
BLODORANGE OCH KARDEMUMMA PANNACOTTA:
a) Strö gelatin över 1 kopp rumstempererad mandelmjölk i en liten kastrull. Låt stå i 1 minut för att mjukna. Värm gelatinblandningen på låg värme tills gelatinet lösts upp och ta bort kastrullen från värmen.
b) I en stor kastrull, lägg återstående mandelmjölk, kokosgrädde, blodapelsinjuice, honung, socker, kardemummapulver, salt,

vaniljstångsextrakt tillsammans och rör om så att det bara kokar upp på måttlig värme. Ta kastrullen från värmen efter kokningen och rör ner gelatinblandningen. Låt det svalna.

c) Dela blandningen lika i 4 vinglas och låt stå i kylen i 4 timmar eller över natten.

BLODAPELSINKEL:

d) Värm upp 1 1/2 koppar av blodapelsinjuicen. Blanda de 2 gelatinkuverten med 1/2 kopp av blodapelsinjuicen och blanda med den varma juicen. Tillsätt socker och skal och vispa tills det blandas och sockret är upplöst.

e) Häll den försiktigt och jämnt i de 4 glasen och låt stelna i kylen.

ROSTAD quinoasmula:

f) Värm ugnen till 350 grader.

g) I en liten skål, släng alla ingredienser utom hallonen och sprid försiktigt ut det på en liten bakpanna. Grädda i ugnen i ca 20 minuter. Låt det svalna. Bryt isär den till smula.

HOPSÄTTNING:

h) Lägg ca 1-2 tsk av den rostade quinoa crumblen i varje glas. Smula ner några frystorkade hallon på toppen, tillsammans med några hackade pistagenötter.

i) Lägg en halv skiva av blodapelsinen ovanpå varje prydligt monterad pannacotta. Pannacottorna är redo att serveras och ätas!

71. Jaggery och Coconut Panna Cotta

Gör: 6-7 portioner

INGREDIENSER:

- 100 g Jaggery
- 50 ml vatten
- 400 ml kokosmjölk
- 1 tsk kanelpulver
- 3 msk kokosflingor (riven kokos)
- 2-3 msk Agar-Agar-trådar

INSTRUKTIONER:

a) Tillsätt vatten, kardemummapulver, jaggery och agar-agar i en kastrull. Låt det koka upp och låt sjuda på låg låga i 5 till 8 minuter tills det är helt upplöst.
b) Tillsätt nu kokosmjölk och flingor till det. Blanda väl och häll omedelbart i enskilda puddingformar, kulfiformar eller en glasform.
c) Låt stelna i 2-3 timmar i väl övertäckt kylskåp. Servera detta i 6-7 små portioner som efterrätt efter måltiden till dina nära och kära eller dina gäster.
d) Denna smälta i munnen, vegetarisk pannacotta eller pudding eller flan är en gudomlig njutning för dina smaklökar. Kalla det vilket namn som helst, smaken kommer fortfarande att vara densamma och hänger kvar även långt efter att den smakats. Mums!

72. Kardemumma-honungsyoghurt Pannacotta

INGREDIENSER:

- 3 msk gelatinpulver
- 500 ml mjölk
- 100 g strösocker
- 1 1/2 msk kardemummapulver
- 200 g yoghurt
- 3 msk honung+ extra honung att servera
- 2 msk osaltat smör
- 1 droppe vaniljessens
- 1/2 mogen mango skuren i små tärningar för garnering

INSTRUKTIONER:

a) Hetta upp mjölk, socker, kardemumma i en kastrull tills sockret har löst sig. Koka upp, tillsätt sedan 3 msk gelatinpulver och koka upp denna mjölk. Rör kontinuerligt i 3-4 minuter eller tills det är helt upplöst.

b) Ta av från värmen och tillsätt 1 droppe vaniljessens och blanda väl. Och låt svalna i 15 minuter.

c) Efter 15 minuter vispa yoghurthonungen och 1/2 tsk kardemummapulver i en skål. Häll i milen och vispa sakta och blanda väl.

d) Skölj puddingformen eller skålen med kallt vatten, dela blandningen mellan dem medan formen eller skålen fortfarande är våt. Kyl i kylen i 3-4 timmar eller över natten tills den stelnat.

e) När du är redo att servera, lossa kanten på varje yoghurt med kniv, tio doppa botten i armvatten i 5 sek. Vänd upp på serveringsfat.

f) Garnera med pistagenötter och tärnad mango och ringla över lite extra honung till servering.

ÖRTAD PANNA COTTA

73. Matcha Panna Cotta

Gör: 4 portioner

INGREDIENSER:
- 1/2 kopp helmjölk
- 2 koppar tung grädde
- 1/4 kopp strösocker
- 1 msk matchapulver
- 3 ark gelatin
- 1/2 tsk vaniljextrakt

INSTRUKTIONER

a) Om du planerar att forma upp pannacottan på tallrikar, smörj in glasen lätt med vegetabilisk olja och använd en pappershandduk för att torka bort det mesta av oljan, lämna bara en lätt rest. Annars kan du lämna dem obelagda.
b) Blötlägg gelatinbladet i kallt vatten tills det är mjukt. Avsätta.
c) Värm mjölk, grädde, socker och matchapulver i en medelstor kastrull tills det sjuder. Ta bort från värmen.
d) Krama gelatin för att ta bort överflödigt vatten och tillsätt det i kastrullen, rör hela tiden tills gelatinet har smält. Rör ner vaniljextraktet.
e) Sila blandningen genom en fin sil och häll jämnt bland de förberedda formarna. Kyl tills den stelnat i minst 4 timmar eller över natten.
f) För att ta bort formen, doppa botten av formen i en kastrull med varmt vatten i 5 sekunder för att lossa pannacottan. Skjut en kniv runt kanten och vänd den sedan försiktigt upp på ett serveringsfat.
g) Serveras bäst kall med lite säsongens frukter.

74. Citrongräs basilika frön Pannacotta med jamun sås

INGREDIENSER :
FÖR LEMON GRASS PANNACOTTA:
- 3 koppar tung grädde
- 1 kopp mjölk
- ¼ kopp citrongrässtjälk, grovt hackad
- 4-5 msk socker
- 1 kopp blötlagda basilikafrön
- ½ tsk, vaniljessens
- 14 gram, smaklös gelatin
- ¼ kopp, vatten

FÖR SÅSEN:
- 1 ½ koppar, urfröad Jamun-massa
- ½ kopp, socker
- ½ kopp vatten
- 1 tsk, citronskal
- 1 tsk, citronsaft

INSTRUKTIONER

a) I en tjockbottnad panna, tillsätt grädden och mjölken och värm på medelhög låga och se till att det inte kokar, bara uppvärmt.

b) Stäng av lågan, tillsätt det hackade citrongräset, vaniljessensen och blanda väl. Täck med lock och ställ åt sidan i 30 minuter.

c) Tillsätt moset jamun, citronskal, citronsaft, socker och vatten i en annan kastrull. Koka upp och låt det puttra tills såsen tjocknar och fått en glansig konsistens. Om du föredrar såsen lite tunn kan du tillsätta lite vatten. När det är klart, stäng av lågan och låt det svalna helt.

d) Strö gelatin över några matskedar vatten i en skål och låt det blomma i ca 5 minuter.

e) Sila av Pannacotta-grädden, släng citrongrässtjälkarna och häll den i pannan igen och värm upp den, den ska inte koka. Tillsätt socker och gelatin. Blanda tills gelatinet blandas väl.

f) Häll upp Pannacottan i portionsglas, tillsätt basilikafröna i varje glas och ställ i kylen tills den stelnar.

g) Toppa med jamunsås och basilikafrön.

h) Servera kallt.

75. Basilika Pannacotta med rosépocherade aprikoser

Gör: 4

INGREDIENSER:
- 1 1/2 kopp tung grädde
- 1/2 kopp basilikablad, tvättade och torkade
- 1 c. socker, delat
- 1/2 vaniljstång
- 1/2 kopp mjölk
- 1 1/2 tsk gelatin
- 3/4 dl rosévin
- 4 färska aprikoser, halverade och gropar borttagna

INSTRUKTIONER

a) Tillsätt den tunga grädden, basilikan och 1/4 kopp sockret i en liten kastrull. Dela vaniljstången på längden och skrapa ut fröna i grädden med en liten sked, tillsätt sedan vaniljstången i grädden också. Värm grädden på medelhög värme, rör försiktigt för att lösa upp sockret, tills grädden precis kokar upp. Ta av från värmen och låt stå i 15 minuter, sila sedan ner krämen genom en finmaskig sil i en skål. Täck med plastfolie och kyl tills den är kall, minst 30 minuter. Släng basilikan.

b) Tillsätt mjölken i en liten kastrull och strö gelatinet över mjölken. Rör försiktigt för att kombinera. Låt gelatinet sitta i 10 minuter för att återfukta, värm sedan på medel-låg värme bara tills gelatinet löser sig, vilket bör ta cirka 90 sekunder till 2 minuter. Ta av från värmen, vispa ihop och häll sedan i den kylda basilika-infunderade grädden. Vispa blandningen i 1 minut för att helt blandas och börja kyla gelatinet, dela sedan blandningen mellan fyra ramekins eller glas, täck var och en med plastfolie och kyl tills den är fast, minst två timmar.

c) För aprikoserna: tillsätt de återstående 3/4 c. socker och rosé till en liten kastrull. Låt sjuda och lägg sedan försiktigt aprikoshalvorna i grytan, sänk ned i den sjudande vätskan. Låt puttra tills det är mjukt, ca 3-4 minuter, ta sedan upp med en hålslev till en skål. Fortsätt sjuda vätskan tills den är halverad och lätt sirapslik, ca 10-15 minuter. Ta av från värmen och häll över aprikoserna. Täck aprikoserna och sirapen och kyl tills den är kall.

d) Servera varje pannacotta med en eller två aprikoshalvor och några skedar sirap hälld över toppen. Servera kall.

76. Pannacotta med pistasch och basilika

4 portioner

INGREDIENSER:
- 1 kopp tung grädde
- 1/4 kopp färsk basilika, hackad
- 1/4 kopp blancherade och mosade pistagenötter
- 1/2 kopp socker
- 3/4 kopp mjölk
- 3 tsk pulveriserat gelatin
- 2-3 droppar pistageessens (valfritt)

INSTRUKTIONER:

a) Blanda grädde, basilika, pistagepuré och socker i en kastrull och sätt på värmen.
b) Koka först upp och låt det sedan sjuda i 5 minuter. Ta bort från värmen och låt blandningen dra i 15 minuter.
c) Häll genom en finmaskig sil eller muslinduk, i en skål för att avlägsna fasta partiklar.
d) I en annan kastrull, häll 1/2 dl mjölk och låt den värmas. Ta bort från värmen, tillsätt pulveriserat gelatin och låt stå i ett par minuter. Sätt tillbaka den på värmen och låt mjölken sjuda i 2 minuter.
e) Blanda gelatin- och mjölkblandningen med gräddblandningen beredd innan och rör om väl.
f) Smörj formarna lätt.
g) Häll blandningen i formarna och ställ i kylen tills den är kall och stelnad. Detta tar cirka 3-4 timmar.
h) Avforma på plåten eller ha den i själva formen. Garnera med hackade pistagenötter eller med dina favoritfärska bär eller kompott.

77. Saffran Pistasch Panna Cotta

Gör: 2 portioner

INGREDIENSER:
- 2 msk mjuk paneer eller hemgjord keso
- 2 tsk socker
- 2 matskedar Mjölk
- 1 msk grädde
- 1 nypa saffran
- Agaragarpulver – en stor nypa
- 2 tsk pistage
- 1 nypa kardemummapulver

INSTRUKTIONER:
a) Mosa mjuk paneer och sockerpulver tills det är slätt.
b) Koka upp 2 msk mjölk & 1 msk grädde och en nypa saffran tillsammans.
c) Tillsätt en stor nypa agar-agarpulver.
d) Vispa tills den är slät.
e) Tillsätt paneermix, kardemummapulver och hackad pistage. Blanda väl.
f) Tillsätt 1/4 tsk hackad pistage i en smord form. Häll pannacottamix.
g) Kyl i 2 timmar i kylskåp.
h) Forma upp och servera. Tillsätt lite valfri sirap och frukt på toppen.
i) Du kan justera sockret efter smak.

BLOMMA PANNA COTTA

78. Fläderpannacotta med jordgubbar

Gör: 6

INGREDIENSER:
- 500ml dubbelkräm
- 450 ml helmjölk
- 10 stora fläderhuvuden, blommor plockade
- 1 vaniljstång, urskrapade frön
- 5 gelatinblad
- 85 g gyllene strösocker

FÖR CRUMBLEN
- 75 g smör, plus extra för smörjning
- 75 g vanligt mjöl
- 50g gyllene strösocker
- 25 g mald mandel

ATT TJÄNA
- 250 g punnet jordgubbar, toppar putsade
- 1 msk gyllene strösocker
- några plockade fläderblommor, att dekorera

INSTRUKTIONER

a) Lägg grädden, mjölken, blommorna, vaniljstången och fröna i en stekpanna på svag värme. Så snart vätskan börjar sjuda, ta av från värmen och låt svalna helt.

b) Under tiden, för smula, häll smöret i en liten panna och värm försiktigt tills det har blivit djupt brunt och doftar nötigt. Häll upp i en skål och låt svalna i rumstemperatur tills det stelnar.

c) När gräddblandningen har svalnat, smörj lätt insidan av sex 150 ml darioleformar. Blötlägg gelatinbladen i kallt vatten i 10 minuter. Sila den avsvalnade gräddblandningen genom en sil i en ren panna, släng fläderblommorna och vaniljstången. Häll i sockret och rör om så att det löser sig. Sätt på låg värme och låt sjuda igen och häll sedan upp i en stor kanna. Krama ur överflödig vätska från gelatinet och rör ner i den varma grädden tills den smält. Fortsätt att röra tills blandningen har svalnat och

tjocknat något, så att alla vaniljfröna inte sjunker till botten. Häll i formarna och låt svalna i minst 4 timmar. tills inställt.
d) Värm ugnen till 180C/160C fläkt/gas 4. Gnid in det brynta smöret i mjölet och rör sedan igenom sockret och mandeln. Bred ut på en plåt klädd med bakplåtspapper. Grädda i 25-30 minuter tills de är gyllene, rör om några gånger. Låt svalna.
e) Skiva jordgubbarna och blanda sedan med sockret och 1 tsk vatten. Ställ åt sidan för att macerera i 20 minuter.
f) Vänd upp pannacottan på tallrikar och toppa med jordgubbarna och deras juice. Strö över lite av smulan, servera extra i en skål vid sidan av, dekorera sedan med några fläderblommor.

79. Lavendel Pannacotta med citronsirap

Gör: 4 portioner

INGREDIENSER:
FÖR LAVENDEL PANNA COTTA:
- 1/4 kopp vatten
- 1 kuvert gelatin
- 1-3/4 koppar tung grädde
- 1 dl helmjölk
- 1/3 kopp socker
- 1-1/2 matsked torkade lavendelknoppar

FÖR CITRONSIRAPEN:
- 1/2 dl färskpressad citronsaft
- 1 kopp socker

INSTRUKTIONER
FÖR LAVENDEL PANNA COTTA:
a) Belägg lätt fyra, 6-ounce vaniljsås med non-stick olja och reservera.
b) Tillsätt vattnet i en liten skål och strö över gelatin och låt stå i 5-10 minuter för att blomma.
c) Tillsätt grädde, mjölk och socker i en liten kastrull. Värm över medelvärme nästan till en kokning, rör om för att lösa upp sockret. Ta bort från värmen; rör ner lavendelknopparna och täck. Låt stå och dra i 10 minuter.
d) Ställ in fatet med gelatin i mikron och zappa i tio sekunder tills det är en tunn sirap. Tillsätt gelatinet till gräddblandningen, rör om väl för att kombinera.
e) Häll blandningen genom en finmaskig sil i en annan skål, kassera lavendelknopparna. Låt blandningen svalna till ljummen.
f) Rör om blandningen och häll i fyra 6-ounce vaniljsåsformar eller formar. Överför till kylen och låt svalna i 2-4 timmar eller över natten tills den har stelnat.

FÖR CITRONSIRAPEN:

g) Sätt på medelvärme i en liten kastrull, kombinera citronsaft och socker tillsammans. Koka upp, sänk värmen till låg och låt sjuda i 10 minuter för att minska något.
h) Ta bort från värmen och låt svalna innan du lägger till en burk med lock och ställ sedan i kylen tills den ska användas. Sirapen kommer att tjockna när den svalnar.
i) För att servera pannacottan med citronsirap:
j) För att frigöra den stelnade pannacottan, kör en kniv runt insidan av den gelade pannacottan. Arbeta med en maträtt i taget, placera skålen i varmt vatten i 10 sekunder.
k) Lyft ur vattnet och dra försiktigt bort gelatinet från kanten på formen med fuktiga fingrar. Täck med en fuktig serveringsfat. Vänd plåten och lyft försiktigt av rätten.
l) Lägg en fuktad serveringsfat ovanpå formen. Ta försiktigt bort formen och ringla citronsirap över toppen.
m) Bryt upp lite färska lavendelblommor och strö på sirapen. Garnera varje portion med lavendelblommor

80. Butterfly Pea Infused Panna Cotta

Gör: 4 portioner

INGREDIENSER:
- 1/2 kopp helmjölk
- 2 koppar tung grädde
- 1/4 kopp strösocker
- 3 ark gelatin
- 2 msk torkade fjärilsärtblommor
- 1/2 tsk vaniljextrakt

INSTRUKTIONER

a) Om du planerar att forma upp pannacottan på tallrikar, smörj in glasen lätt med vegetabilisk olja och använd en pappershandduk för att torka bort det mesta av oljan, lämna bara en lätt rest. Annars kan du lämna dem obelagda.
b) Blötlägg gelatinbladet i kallt vatten tills det är mjukt. Avsätta.
c) Värm mjölk, grädde och socker i en medelstor kastrull tills det sjuder, men får inte koka.
d) Ta bort från värmen.
e) Krama gelatin för att ta bort överflödigt vatten och tillsätt det i kastrullen, rör hela tiden tills gelatinet har smält.
f) Tillsätt vaniljextrakt och torkade fjärilsärtblommor. Låt blandningen dra i 15 minuter eller tills blandningen är blå.
g) Sila blandningen genom en fin sil och häll jämnt bland de förberedda formarna. Kyl tills den stelnat i minst 4 timmar eller över natten.
h) För att ta bort formen, doppa botten av formen i en kastrull med varmt vatten i 5 sekunder för att lossa pannacottan. Skjut en kniv runt kanten och vänd den sedan försiktigt upp på ett serveringsfat.
i) Serveras bäst kall.

81. Vanilj Kokos Panna Cotta Med Hibiscus bärsås

Gör: 2 stora portioner

VANILJ KOKOS PANNA COTTA:
- 1 paket granulerat gelatin
- 3/4 kopp kokosmjölk
- 1 dl kokosgrädde
- 1 kopp tung grädde
- 2 matskedar strösocker
- 1/2 tsk vaniljstångspasta

HIBISCUS BÄRSÅS
- 1/2 kopp färska eller frysta blandade bär
- 4 torkade hibiskusblommor
- 1/4 msk strösocker

INSTRUKTIONER
VANILJ KOKOS PANNA COTTA:

a) Förbered fyra 4 uns eller större ramekins, formar eller glas genom att smörja mycket lätt med kokosolja eller vegetabilisk olja. Du kan hoppa över detta steg om du inte lägger pannacottan på formen. Jag använde 4 franska vinglas som mina formar. men du kan lätt lämna den i glaset för servering.

b) I en liten skål, strö gelatinet över 3 matskedar kallt vatten. Blanda och låt sitta för att mjukna.

c) I en liten kastrull på medelvärme, värm ihop kokosmjölken och grädden tills det precis börjar bubbla på kanterna. Sänk värmen och tillsätt det uppmjukade gelatinet, blanda tills det är helt smält.

d) Ta kastrullen från värmen och förbered en stor skål med isvatten. Sila av kokosgelatinblandningen i en lite mindre skål och lägg den i isvattnet. Skrapa försiktigt skålen med en gummispatel och blanda tills blandningen kallnar och börjar tjockna. Om blandningen börjar stelna, ta bort den omedelbart.

e) Häll ut isvattnet från den stora skålen och torka rent. Häll den tunga grädden i skålen och blanda i strösockret tills det löst sig.

Tillsätt gradvis kokosgelatinet tills det är helt blandat. Försök att inte blanda för kraftigt för att förhindra att luftbubblor bildas.

f) Häll blandningen i dina förberedda ramekins, glas eller formar. Ställ in i kylen i minst 4 timmar eller tills den stelnat.

g) För att avforma din pannacotta, kör sidorna av din form under varmt vatten tills den börjar lossna. Använd fingret för att försiktigt dra pannacottan från kanten. Vänd sedan upp på din serveringsfat.

HIBISCUS BÄRSÅS:

h) Blanda ihop 1 kopp vatten med strösocker i en liten kastrull på medelhög värme. Koka upp och låt koka i 1 minut. Ta av från värmen och lägg i hibiskusblommorna. Ställ åt sidan och låt dra i 30 minuter.

i) Ta bort hibiskusblommor från sirapen och kassera eller reservera för garnering. Tillsätt bären i pannan och ställ tillbaka på spisen och värm till medelhög.

j) Koka upp lågt och koka tills det tjocknat något. Om du använder frysta bär, försök att inte röra om för mycket, bryt ner bären eller reservera 1/4 av bären för att läggas till efter att såsen börjar tjockna.

k) Ställ såsen i kylen och kyl i minst 2 timmar innan servering.

82. Blåbär och syrensirap Panna Cotta

Gör: 2 Panna Cottas

INGREDIENSER:
FÖR SYRENSIRAPEN
- 1 kopp lila blommor
- 240 g vitt socker
- 250 ml vatten

FÖR PANNA COTTA
- 3 gram gelatinblad
- 200 ml grädde helkräm
- 80 gram blåbär
- 30 gram syrensirap
- 40 gram vitt socker

FÖR BLÅBÄR COULIS
- 100 gram färska blåbär
- 30 gram vitt socker
- 10 ml citronsaft

FÖR DEN VIT CHOKLAD GANACHEN
- 60 gram grädde
- 100 gram vit choklad

FÖR PLATERING
- 5-8 blåbär per tallrik
- En liten näve syrenblommor

FÖR SYRENSIRAPEN
a) Ta bort de individuella syrenblommorna från stjälken. Se till att bara ta de lila blommorna, släng alla bruna blommor och gröna stjälkar. Tvätta lila blommor.
b) Lägg blommor, socker och vatten i en kastrull. Koka upp på medelvärme och fortsätt att sjuda i 10 minuter. Ta bort från värmen och sila genom en trådsil. Använd baksidan av en metallsked för att trycka ut så mycket färg och smak ur blommorna som möjligt.
c) Låt sirapen svalna till rumstemperatur och ställ sedan i kylen. Kan göras en vecka i förväg.

FÖR PANNA COTTA

d) Lägg gelatinbladen i tillräckligt med kallt vatten för att täcka arken. Om du inte har använt dem tidigare, oroa dig inte för att gelatinskivorna löses upp, de håller ihop som ett ark i det kalla vattnet men blir floppiga.

e) Lägg grädde, blåbär, syrensirap och socker i en kastrull. Koka upp nästan på medelvärme. När du börjar se bubblor ta bort från värmen och mixa med en stavmixer tills det är slätt. Återgå till medelvärme och låt koka upp. Avlägsna från värme.

f) Ta gelatinblad ur vattnet och skaka av överflödigt vatten. Tillsätt den heta grädden och rör försiktigt tills den lösts upp och är väl införlivad.

g) Sila pannacottablandningen genom en trådsil. Häll i formar och kyl till rumstemperatur utan lock. Detta kommer att ta minst en timme. En gång i rumstemperatur, täck över och ställ i kylen över natten. Kan göras ett par dagar i förväg.

FÖR BLÅBÄR COULIS

h) Gör blåbärscoulisen på serveringsdagen. Tillsätt blåbär, socker och citronsaft i en kastrull och mixa med en stavmixer till en slät smet. Koka upp på medelvärme och låt sjuda tills coulisen har tjocknat. Liknar konsistensen av traditionell sylt men inte torr.

i) Ställ åt sidan och låt svalna till rumstemperatur.

FÖR GANACHEN

j) Hacka chokladen i små bitar eller spån och lägg i en ren skål. Avsätta.

k) Häll grädde i en liten kastrull. Koka upp på medelvärme. Ta inte blicken från det. Grädde brukar koka över väldigt snabbt. Ta av från värmen och vispa ner den i den vita chokladen. Fortsätt vispa tills chokladen har löst sig helt och du har en slät ganache. Häll i ett litet hällkärl. Enskilda kärl per gäst är omtänksamma, men om de är i ett delat kärl kan kampen om den återstående ganache göra saker roliga.

l) När det gäller tajming under middagen, gör ganachen så nära serveringen som möjligt. Jag ställer kastrullen med grädden i kylen och jag låter den rakade chokladen stå i rumstemperatur i skålen och väntar. När huvudrätten är klar gör jag snabbt ganachen och häller i serveringskärlet. Sedan pläterar jag pannacottan.

PLATERING

m) Se till att dina redskap, tallrikar och alla ingredienser svalnar till rumstemperatur. Att lägga något varmt på eller under pannacottan kommer att smälta det. Tvätta de färska syrenblommorna och blåbären och lägg dem på en handduk för att torka.

n) För att ta bort pannacottan från formarna, ta en vass kniv. Håll pannacottan på sidan och placera spetsen på kniven mellan insidan av formen och pannacottan. Tryck långsamt in kniven och var försiktig så att du inte sticker hål i pannacottan. Vikten av pannacottan kommer att börja dra bort den från formens kanter, låt gravitationen hjälpa dig. När det börjar lossna, börja rulla formen gradvis tills den lossnar helt från kanterna. Fortsätt att hålla formen på sidan.

o) Placera plåten mot öppningen av formen medan den fortfarande ligger på sidan, precis där du vill att pannacottan ska vara på plåten och vänd sedan formen upp och ner med plåten under. Precis som du skulle bli en gelé. Om du har problem med att få ut dem kan du snabbt doppa botten av formen i mycket varmt vatten, var försiktig så att inte vatten kommer in i pannacottan.

p) Använd en liten sked och lägg lite av coulisen ovanpå varje pannacotta. Använd baksidan av skeden och sprid försiktigt ut coulisen till kanten av pannacottan.

q) Dekorera varje tallrik med blåbär och blommor. Jag skär ofta av den nedre tredjedelen av ett av blåbären så att det ser nedsänkt ut i toppen av pannacottan.

r) Glöm inte att lägga ganachen på bordet!

83. Honung Kamomill Panna Cotta

Gör: 4 portioner

INGREDIENSER:

- 1/2 kopp helmjölk
- 2 koppar tung grädde
- 1/4 kopp strösocker
- 3 ark gelatin
- 1/2 tsk vaniljextrakt
- 1 kopp torkade kamomillblommor
- honung, till topping

INSTRUKTIONER

a) Om du planerar att forma upp pannacottan på tallrikar, smörj in glasen lätt med vegetabilisk olja och använd en pappershandduk för att torka bort det mesta av oljan, lämna bara en lätt rest. Annars kan du lämna dem obelagda.
b) Blötlägg gelatinbladet i kallt vatten tills det är mjukt. Avsätta.
c) Värm mjölk, grädde och socker i en medelstor kastrull tills det sjuder.
d) Ta bort från värmen.
e) Krama gelatin för att ta bort överflödigt vatten och tillsätt det i kastrullen, rör hela tiden tills gelatinet har smält.
f) Tillsätt vaniljextrakt och torkade kamomillblommor. Låt blandningen dra i 10-15 minuter.
g) Sila blandningen genom en fin sil och häll jämnt bland de förberedda formarna. Kyl tills den stelnat i minst 4 timmar eller över natten.
h) För att ta bort formen, doppa botten av formen i en kastrull med varmt vatten i 5 sekunder för att lossa pannacottan. Skjut en kniv runt kanten och vänd den sedan försiktigt upp på ett serveringsfat.

84. Roseyoghurt pannacotta

Gör: 2 portioner

INGREDIENSER:
- 1/2 kopp färsk grädde
- 1/2 kopp yoghurt
- 1 msk socker
- 3 msk rosensirap
- 1/4 tsk rosa färg
- 1,5 tsk agar agar
- 1 msk vatten
- Några droppar Rose Essence
- Pistagenötter

INSTRUKTIONER:
a) Blanda yoghurt, 1 msk grädde, rossirap och rosessens i en stor skål, vispa tills det är väl blandat och slätt.
b) Vispa agarpulver i varmt vatten i en liten skål tills det blandas.
c) Värm återstående grädde och socker i en liten panna eller kastrull på låg till medelhög låga, rör ofta. När sockret är upplöst tillsätt agarpulverblandningen och fortsätt att röra tills blandningen är varm och sjudande men inte kokar. Det tar cirka 1-2 minuter. Se till att inte koka denna blandning.
d) Häll nu denna blandning i yoghurtblandningen och vispa tills den är väl kombinerad. Du måste göra detta snabbare eftersom agar börjar stelna.
e) Dela denna Pannacotta-blandning i smorda skålar eller silikonskålar och ställ in i kylen tills den stelnat eller åtminstone i 4 timmar.
f) Forma Rose Yoghurt Panna Cotta från ramekins och servera med hackade pistagenötter på toppen.

85. Gulab Panna Cotta

INGREDIENSER:
- 2 dl färsk grädde
- 1/4 kopp rossirap
- 2 1/2 tsk agar agar gelatin
- 1/4 kopp strösocker
- efter behov Falooda för servering
- Vid behov Söt roskräm till garnering
- efter behov Små gelékuber för garnering
- 8-10 färska rosenblad
- 1/2 kopp socker
- 1/2 tsk flytande glukos

INSTRUKTIONER:
a) Ta en msk vatten i en skål. Tillsätt gelatin och ställ åt sidan för att blomma. Värm grädden i en nonstick-panna och låt koka upp. Tillsätt strösocker och blanda väl. Värm det blommade gelatinet i mikrovågsugn i 30 sekunder och tillsätt grädden, blanda väl och koka tills gelatinet lösts upp helt.
b) Sila av blandningen i en annan skål, tillsätt rosensirap och vispa väl. Häll blandningen i en ugnsform i glas. Kyl i 2-3 timmar eller tills den stelnat.
c) För att göra rosen spröd, värm en non-stick panna tillsätt socker & lite vatten och låt sockret smälta, hacka rosenblad grovt. Tillsätt flytande glukos i pannan och blanda väl. Tillsätt hackade rosenblad och blanda. Häll blandningen på en silikonmatta, bred ut och kyl tills den stelnar.
d) Skär pannacottan i rundlar med en medelstor kakform och ta ur den.
e) Lägg pannacotta-rundlarna på ett grunt serveringsfat och lägg några spröda bitar på sidorna, reservera några för garnering. Lägg lite översvämning på ena sidan av pannacottan, garnera med några sköra bitar och ringla lite rosensirap på toppen garnera lite söt roskräm, rosengelé, färgglad ätbar blomma, kronblad och servera omedelbart.

86. Ginger Rose pannacotta

Gör: 4 portioner

INGREDIENSER:
- 1 kopp mjölk
- 1/2 kopp grädde
- 1/4 kopp socker eller efter smak
- 1/4 kopp ingefära hackad
- 1 tsk Rose Essence
- Några få citronskal
- 10 g agar agar

INSTRUKTIONER:
a) Blötlägg agaragar i vatten i 15-20 minuter.
b) Ta mjölk i en kastrull, tillsätt grädde, socker, blanda och koka upp.
c) Tillsätt ingefära och citronskal, koka några minuter.
d) Täck och stäng av. Låt vila i 20 minuter.
e) Sila nu blandningen.
f) Lägg tillbaka i kastrullen och låt sjuda.
g) Lägg under tiden den blötlagda agar-agaren med vatten i en kastrull och låt sjuda tills agar-agar smälter. Tillsätt detta till ovanstående blandning.
h) Koka tills allt blandas väl. Stäng av och tillsätt rosessens. Blanda. Svalka lite.
i) Ta valfri form och häll långsamt pannacottablandningen.
j) Förvara i kylen tills den stelnar.
k) Ta ur formen och servera med valfri sås eller sirap. Här serverade jag med jordgubbssås.

BOOZY PANNA COTTA

87. Champagne pannacotta i små koppar toppad med bär

Gör: 16 glas

INGREDIENSER:
VANILJ PANNA COTTA
- 1 ¼ kopp halv och halv
- 1 ¾ kopp tjock grädde
- 2 tsk gelatin utan smak
- 45 gram strösocker
- Nypa salt
- 1 ½ tsk vaniljextrakt

MOUSSERANDE VINJELLY
- 2 koppar Champagne, Prosecco eller mousserande vin
- 2 tsk gelatin
- 4 teskedar strösocker

INSTRUKTIONER
VANILJ PANNA COTTA

a) Lägg 2 matskedar av hälften och hälften i en liten kopp och strö gelatinet ovanpå jämnt för att blomma.
b) Häll resten av mjölken, sockret och saltet i en kastrull på låg värme men låt det inte koka upp. Om den gör det, ta omedelbart bort den från värmen. Håll koll hela tiden eftersom det kan överkoka väldigt snabbt.
c) Rör om tills sockret är helt upplöst.
d) Tillsätt grädden och rör om tills den är helt införlivad.
e) Vispa i det blommade gelatinet. Låt inte koka.
f) Ta av värmen.
g) Tillsätt vaniljextrakt.
h) Rör försiktigt tills blandningen har nått rumstemperatur.
i) Häll upp blandningen i snapsglas eller höga flöjtglas. Innan du häller upp i varje nytt glas, rör försiktigt om blandningen för att förhindra att den separerar.
j) Lägg i en lufttät behållare i kylen för att stelna innan du lägger champagnegelé ovanpå. Cirka 2-4 timmar.

MOusserande vingele
k) Lägg 2 matskedar mousserande vin i en kopp, strö gelatin ovanpå för att blomma.
l) Lägg socker och Prosecco i en liten panna och värm på låg värme.
m) När sockret är upplöst, tillsätt blommat gelatin under vispning. Låt inte koka.
n) När det svalnat till rumstemperatur. Häll ovanpå den stelnade pannacottan. Rör försiktigt om blandningen innan den hälls upp i varje glas.
o) När geléen stelnat, omedelbart före servering, lägg försiktigt några valfria bär ovanpå. Fyll resten av glaset med champagne. Snurra runt glaset så att saften från bären kommer ut. Röjglaset kommer nu att ha tre olika färgskikt.

88. Bourbon Pocherad Panna Cotta

Gör: 4 portioner

INGREDIENSER:
PANNACOTTA
- 1 paket smaklös gelatin
- 3 matskedar kallt vatten
- 3 koppar tung grädde
- Nypa salt
- 2 msk lönnsirap
- ½ kopp socker
- 1 tsk vaniljextrakt
- 8 oz. creme fraiche

POACHERADE BOURBON PÄRON OCH GLASUR
- 3 lite undermogna päron, kärnade ur och skär i fjärdedelar
- 1 kopp vatten
- ¼ kopp honung
- Saft från 1/4 citron
- nypa havssalt
- 1 kopp bourbon

INSTRUKTIONER
PANNACOTTA:

a) Dra ut 4 vaniljsåsmuggar, ramekins eller liknande stora glas. Lägg ramekins i en 9 x 13 tums ugnsform eller på en kantad bakplåt och ställ åt sidan. Detta gör det lättare att placera dem i kylen.

b) Blanda gelatin och kallt vatten i en liten skål. Ställ åt sidan för att låta gelatinet "blomma" i ca 5 minuter.

c) Tillsätt under tiden tjock grädde, nypa salt, lönnsirap och socker i en medelstor kastrull. Värm blandningen tills den precis kokar upp. Ta av från värmen, rör ner vanilj och gelatin och blanda tills det är helt upplöst. Låt blandningen svalna i 10 minuter.

d) Lägg creme fraiche i en stor bunke. Vispa försiktigt i gräddblandningen, lite i taget, tills den är slät. Fördela blandningen jämnt mellan ramekins.

BOURBON POCHERADE PÄRON:

e) Lägg päron, vatten, honung, citronsaft och bourbon i en liten kastrull. Låt sjuda och koka på låg värme tills päronen är mjuka; rör om i blandningen då och då så att inget fastnar eller bränns fast i botten. Päronen kommer förmodligen att behöva mellan 35-45 minuter för att pochera ordentligt. För att kontrollera dina päron, sätt in en tandpetare i päron, den ska lätt gå in.

f) Ta bort från värmen och låt blandningen svalna i cirka 15 minuter.

g) Kontrollera din pannacotta för att vara säker på att den är fast, annars kommer päron att sjunka in i den istället för att skapa lager. Om blandningen är fast vid beröring, lägg päronen på en kyld pannacotta i en solfjäderform och häll den återstående pocheringsvätskan över, precis så mycket att päronen fortfarande syns igenom. Kyl i 4 eller upp till 24 timmar. Njut av!!

89. Boozy Eggnog Panna Cotta

Gör: 6

INGREDIENSER:
- 4 koppar helfet äggnock köpt i butik
- ¼ kopp likör
- 3 ½ teskedar pulveriserat gelatin
- Sandkakor, dubbelgrädde och muskotnöt

INSTRUKTIONER

a) Häll äggsmutsen i en kastrull, tillsätt sedan likören och rör om väl. Strö gelatinet jämnt över toppen och låt det blomma i 5 minuter.

b) Värm på låg värme under konstant omrörning i 2-3 minuter tills gelatinet lösts upp. Låt det inte sjuda eller koka.

c) Häll upp blandningen i eleganta glas och låt stelna i kylen i 4 timmar.

d) Toppa med dina pålägg och servera

90. Baileys Panna Cotta

Gör: 4 portioner

INGREDIENSER:
- 1 kopp helmjölk
- 1 kopp dubbel grädde
- ½ kopp Baileys Irish Cream Liqueur
- ½ kopp strösocker
- 1 msk riven choklad till garnering
- 1 påse gelatin

INSTRUKTIONER

a) Häll grädden och mjölken i en kastrull på medelvärme och låt koka upp.
b) Tillsätt sockret och vispa ordentligt för att lösa upp det, häll sedan i Baileys och vispa igen.
c) Strö över gelatinet och vispa väl så att det löser sig helt.
d) Fördela blandningen mellan 4 portionskoppar och ställ i kylen i minst 6 timmar, helst över natten för att stelna.
e) Garnera med riven choklad - valfritt.

91. Kokosnöt Panna Cotta Med Malibu Rom

INGREDIENSER:
- 400 ml burk kokosmjölk
- 1 ½ tesked gelatinpulver
- 45 ml Malibu Romlikör
- 2 msk honung
- Bär

INSTRUKTIONER
a) Värm försiktigt hälften av kokosmjölken i en liten panna tills den är varm men inte kokar.
b) Tillsätt gelatinet och vispa ihop så att det löser sig.
c) Ta av värmen.
d) Tillsätt resten av kokosmjölken och rör ner honungen.
e) Låt blandningen svalna lite och tillsätt sedan Malibu Romlikör.
f) Häll upp i ramekins eller glas och toppa med bär.
g) Kyl tills den stelnat.

92. Pina Colada Panna Cotta med lime och ananas

Gör: 4

INGREDIENSER:
FÖR PANNA COTTA
- 400 g creme fraiche
- 150 ml kokosmjölk
- 100 g socker
- 3 blad gelatin utan smak

FÖR ANANASSALSA
- 1 mogen ananas
- 50 g socker
- 30 ml malibu rom
- 25 g rostade kokosflingor
- 1 lime
- 1 msk myntablad

INSTRUKTIONER
FÖR PANNA COTTA
a) Lägg gelatinet i en skål med kallt vatten och låt det mjukna i 5-10 minuter.
b) Gelatinplattor sänks ned i en skål med vatten
c) Blanda under tiden creme fraiche, kokosmjölk och socker i en medelstor kastrull och låt koka upp på medelvärme.
d) Creme fraiche, kokosmjölk och socker i en gryta med en visp i
e) Ta av från värmen och rör ner det avrunna gelatinet. Vispa ordentligt så att gelatinet har löst sig helt. Sila genom en fin sil.
f) Avrunnat gelatin tillsätts till varm pannacottamix
g) Häll upp blandningen i 4 individuella portionsglas och ställ in i kylen i minst 2 timmar.
h) Pannacottamix hälls upp i dessertglas för att stelna

FÖR ANANASSALSA
i) Skala ananasen och skär i jämna tärningar.
j) Hacka och tärna skalad ananas
k) Tillsätt ananas, socker och rom i en stor kastrull och låt koka upp på medelvärme. Koka i 2 minuter och ställ åt sidan i en skål.

l) Socker tillsatt till tärnad ananas i en kastrull över låga
m) Riv skalet av 1 lime över ananasarna och blanda väl. Låt svalna i rumstemperatur och avsluta sedan med att tillsätta mynta skuren i fina ränder.
n) Riv limeskal på kokta ananastärningar
o) När pannacottan har stelnat lägger du ananassalsan ovanpå
p) Lägga ananas på toppen av stel pannacotta i ett ökenglas
q) Dekorera med de rostade kokosflingorna och myntabladen för att avsluta det.

93. Cognac Pannacotta

Gör: 4 portioner

INGREDIENSER:
- 2 koppar grädde
- 9 uns socker
- 3 nypor gelatin
- 1 nypa vaniljbönor
- 8 matskedar vatten
- ½ kopp konjak
- Peppar

FÖR KARAMELLEN:
a) Ta 7 uns socker med vatten i en kastrull, låt det sakta koka till skillnad från att karamellen är ljusbrun.
b) Bred ut karamellen i formarna.

PANNACOTTA:
c) Ta upp gelatinet i kallt vatten. Blanda grädde, socker och vaniljstången, låt koka upp.
d) Koka den i minst 5 minuter på långsam eld.
e) Ta ut vaniljen, tillsätt konjaken och gelatinet. Blanda väl. Sprid ut det i de förberedda formerna.
f) Lägg i en förvaringsbehållare och svalna till rumstemperatur innan den ställs i kylen. Minst 2 timmar.

94. Kokosnötspannacotta med björnbär, timjan och sloegogin

Gör: 6-8 portioner

INGREDIENSER:
FÖR PANNA COTTA
- 3 dl kokosgrädde
- 1/2 kopp honung
- 1 msk citronsaft
- 1/2 tum vaniljstång, delad
- 2 matskedar varmt vatten
- 1 matsked osötat gelatinpulver

FÖR BLÅBÄR, TIMJANS OCH SLOE GIN-KOMPOTTEN
- 1 dl björnbär
- 1 msk citronsaft
- 1/4 tsk finhackad timjan
- 2 matskedar socker
- 1 msk sloe gin
- 1 1/2 tsk maizena

INSTRUKTIONER
FÖR PANNA COTTA

a) I en stor burk med en förslutningsbar topp, kombinera kokosgrädde, honung och citronsaft och rör om för att kombinera. Förslut burken och låt stå i 8 timmar eller över natten.
b) Nästa dag, värm kokosgräddblandningen med vaniljstången på medelvärme, rör om ofta tills den är genomvärmd. Av värmen.
c) Blanda det varma vattnet med gelatinet i en liten skål och rör tills gelatinet har lösts upp. Tillsätt detta till den uppvärmda kokosgrädden, rör om väl.
d) Dela i ramekins och låt svalna till rumstemperatur. Överför till kylen till fast, minst ett par timmar.

FÖR BLÅBÄR, TIMJANS OCH SLOE GIN-KOMPOTTEN

e) Kombinera björnbär, citron, timjan och socker i en liten kastrull på medelhög värme och rör hela tiden tills sockret är upplöst.

Låt blandningen puttra tills bären är mjuka och börjar brytas ner, ca 7 minuter.

f) Blanda under tiden majsstärkelsen och slånbärsginen i en liten skål och rör om tills majsstärkelsen är upplöst. När bären är mjuka, tillsätt slånbärsblandningen, rör om ofta, fortsätt att sjuda på svag värme i ett par minuter tills såsen har tjocknat något.

a) Servera varm eller rumstempererad över pannacottan!

95. Peach Vaniljböna Pannacotta med romvispad grädde

Gör: 4

INGREDIENSER:
FÖR PEACH PANNA COTTA LAGER
- 3 medelstora persikor hackade
- ¼ kopp + 3 msk helmjölk
- ½ msk gelatin ca 1 förpackning delat på mitten
- ¾ kopp tjock grädde
- 2 msk strösocker
- en nypa salt

FÖR VANILJBÖNAN PANNA COTTA-LAGER
- 1 tsk vaniljstångspasta eller 1 skrapad vaniljstång
- ¼ kopp helmjölk
- ½ msk gelatin
- ½ kopp tung grädde
- 1 msk farinsocker
- 3 msk strösocker
- en nypa salt

ROMVISP
- ⅓ kopp tung grädde
- 2-3 msk vit rom utan ytterligare smakämnen

INSTRUKTIONER
FÖR PEACH PANNA COTTA LAGER

a) Purea de hackade persikorna i mixer till en smoothieliknande konsistens. Sila genom en fin sil och kassera eventuell fruktkött. Dela ut en ⅓ kopp i en burk och kyl i kylen tills den ska monteras. Det bör finnas minst 300 ml persikopuré kvar.

b) I en liten måttbägare fylld med mjölk, blomma gelatinet genom att strö gelatinet i mjölken. Blanda inte och ställ åt sidan i 5 minuter.

c) Koka upp grädden, sockret och saltet i en medelstor kastrull. Rör om då och då tills sockret löst sig. Låt inte blandningen koka. När det puttrat, ta av från värmen och vispa i gelatin/mjölkblandningen tills gelatinet är helt upplöst och blandningen är slät. Vispa i persikopurén, dela sedan och häll upp i portionsbägare. Täck över och ställ i kylen i minst 2 timmar eller tills toppen stelnat och vibrerar något.

d) för pannacottalagret med vaniljstång
e) Blomma gelatinet och koka upp den tunga grädden, farinsockret, strösockret och saltet. När det puttrat, ta av från värmen och vispa i gelatin/mjölkblandningen och vaniljstången.
f) Se till att det föregående lagret har stelnat genom att klappa lätt på topparna eller vicka på serveringskoppen för att kontrollera. När du har kontrollerat, häll vaniljstångsskiktet ovanpå persikolagret. Täck över och kyl i ytterligare 3 timmar eller tills den är helt stel.

FÖR ROMVISPARNA

g) Använd en stavmixer och vispa den vispade grädden och romen tills medelstora toppar bildas.

ATT BYGGA IHOP

h) Värm den reserverade persikopurén något genom att blötlägga burken i en skål med varmt vatten. Rör om purén tills den har en hällbar konsistens, häll sedan ett tunt lager ovanpå de fasta pannacottorna, tillsätt en klick romvispad grädde och garnera med persikoskivor.
i) Njut genast!

96. Lime Infused Berry Panna Cotta med bär & brus

Gör: 3

INGREDIENSER:
- Lime Infunderad Panna Cotta
- 450 g grädde {Amul, 20% fett}
- 40 g socker
- Skal av 1/2 lime
- 2 tsk gelatin
- 1 kopp bär
- 500 ml champagne
- 200 g blandade färska bär
- Få kvistar färsk mynta ätbara blommor

INSTRUKTIONER

a) Värm 400g grädde med sockret tills sockret har smält. Tillsätt limeskalet och låt dra i cirka en timme.
b) Blomma gelatinet i resterande 50 ml grädde i 5 minuter tills det är mjukt.
c) Värm upp grädden till en kal sjuda, ta av värmen.
d) Rör ner det blommade gelatinet. När väl blandat, sila och dela mellan serveringsglas. Låt stelna i kylen i 4-5 timmar.
e) När den stelnat toppar du pannacottan med färska bär och varsin myntakvist.
f) Häll över bruset och servera genast.

97. Earl Grey Panna Cotta

Gör: 4 portioner

INGREDIENSER:
- 2 tsk gelatinpulver
- 2 matskedar vatten
- 1 kopp mjölk
- 1/4 kopp strösocker
- 2 Earl Grey tepåsar
- 1 kopp förtjockad grädde
- Earl Grey Tea Sirap

EARL GREY TE SIRP
- 1/3 kopp vatten
- 1/3 kopp strösocker
- 1 Earl Grey tepåse
- 1 tsk whisky *valfritt

INSTRUKTIONER:
a) Strö gelatinpulver i vatten i en liten skål och blöt i 5-10 minuter.
b) Värm mjölk och socker i en kastrull på medelvärme under omrörning och låt koka upp. Ta bort från värmen.
c) Tillsätt blötlagt gelatin, blanda väl tills gelatinet löser sig, värm sedan upp blandningen lite, men koka inte. Tillsätt Earl Grey tepåsar och ställ åt sidan tills de svalnat. Blandningen tjocknar inte vid rumstemperatur.
d) Pressa ihop tepåsarna och släng dem. Tillsätt grädde och blanda ihop. Häll upp blandningen i serveringsglasen. Ställ dem i kylen och låt stelna.
e) För att göra Earl Grey Tea Sirap, häll vatten i en liten kastrull, låt koka upp, tillsätt socker, rör om och låt koka upp igen. Ta bort från värmen, tillsätt tepåse och ställ åt sidan för att svalna. Släng tepåsarna. När den är tillräckligt kall, låt den stå i kylen.
f) Servera Panna Cotta med Earl Grey Tea Sirap. Du kan lägga till lite whisky till sirapen om du gillar det.

98. Azuki Panna Cotta

Gör: 4 till 6 portioner

INGREDIENSER:
- 2 tsk gelatinpulver
- 2 matskedar vatten
- 1 kopp mjölk
- 1-3 matskedar strösocker
- 1 matsked rom
- 1 kopp grädde
- 2/3 kopp Sweet Azuki Paste

INSTRUKTIONER:
a) Strö gelatinpulver i vatten i en liten skål och blöt i 5-10 minuter.
b) Häll mjölk, socker och rom i en kastrull och värm på medelvärme under omrörning och låt koka upp. Avlägsna från värme.
c) Tillsätt blötlagt gelatin, blanda väl tills gelatinet löst sig. Tillsätt grädde och söt Azuki Paste och blanda för att kombinera mycket väl.
d) Häll upp blandningen i portionsglas eller geléformar, placera Azukibönorna jämnt. Låt dem stå i kylen tills de stelnat.

99. Pumpkin Rom Panna Cotta

Gör: 4 portioner

INGREDIENSER:
- 2 tsk gelatin
- 2-3 matskedar Vatten
- 1 kopp mjölk
- 1/4 kopp strösocker
- 1 matsked rom
- 1 kopp mosad kokt pumpa, slät mosad ELLER blandad
- 1/2 kopp grädde
- Lönnsirap, Muscovadosirap, kolasås, etc.

INSTRUKTIONER:
a) Strö gelatinpulver i vatten i en liten skål och blöt i 5-10 minuter.
b) Häll mjölk, socker och rom i en kastrull och värm på medelvärme under omrörning och låt koka upp. Avlägsna från värme.
c) Tillsätt blötlagt gelatin, blanda väl tills gelatinet löst sig. Tillsätt grädde och mjukt mosad pumpa och blanda ihop.
d) Häll upp blandningen i serveringsglas eller geléformar. Ställ dem i kylen och låt stelna.
e) Servera med lönnsirap, muscovadosirap, ELLER valfri sås.

100. Svart Sesam Panna Cotta

Gör: 4 portioner

INGREDIENSER:
- 2 koppar mjölk & grädde
- 4 matskedar socker
- 3-4 msk rostade svarta sesamfrön, malda
- 1 msk majsstärkelse ELLER potatisstärkelse
- 2 teskedar (6 till 8 g) gelatinpulver
- 2 matskedar vatten
- 1-2 tsk rom eller konjak
- 1/2 tsk vaniljextrakt

INSTRUKTIONER:
a) Strö gelatinpulver i vatten i en liten skål och blötlägg.
b) Rosta 3 till 4 matskedar svarta sesamfrön i en kastrull i några minuter eller tills de är aromatiska. Lägg de rostade sesamfröna i japansk mortel, matkvarn eller liten matberedare och mal till pasta.
c) Tillsätt mjölk till sesampastan och bearbeta igen. Du kanske vill sila blandningen för att ta bort skalen.
d) Häll mjölk- och sesamfrönblandningen, grädde, socker och stärkelse i en kastrull på låg värme, rör om tills sockret löst sig och blandningen tjocknar. Avlägsna från värme.
e) Tillsätt blötlagt gelatin och blanda väl tills gelatinet lösts upp. Tillsätt rom eller konjak och vaniljextrakt, blanda väl. Ställ åt sidan för att svalna något.
f) När blandningen är tillräckligt kall, häll upp i glas. Ställ dem i kylen och låt stelna.
g) Om du vill ha mer sesamsmak, gör toppingpasta genom att blanda sesamfrönpasta och florsocker. Vispad grädde skulle också vara gott att toppa.
h) Gelatinfri version: Tillsätt 1/2 kopp svarta chiafrön istället för gelatin och blanda väl. Häll upp i glas. Ställ dem i kylen och låt stelna.

SLUTSATS

Panna Cotta är en berömd italiensk dessert som serveras på restauranger och hotell i Italien. Den har nu vunnit popularitet över hela världen och är en favoritdessert för många. Ordet Panna Cotta översätts till "kokt grädde". Som översättningen antyder består desserten av grädde som är sötad och förtjockad med gelatin. Blandningen ställs sedan i en form och serveras kall dagen efter. Ofta är grädden smaksatt med vanilj, kaffe och andra smaker.

www.ingramcontent.com/pod-product-compliance
Lightning Source LLC
Chambersburg PA
CBHW071314110526
44591CB00010B/887